U0726698

万物生灵
我的手绘博物馆

图书在版编目（CIP）数据

我的手绘博物馆．万物生灵 /（法）维尔吉妮·阿拉德基迪著；（法）艾玛纽埃尔·楚克瑞尔绘；刘暑月译．-- 福州：海峡书局，2022.8（2022.12 重印）
ISBN 978-7-5567-0973-1

Ⅰ．①我… Ⅱ．①维… ②艾… ③刘… Ⅲ．①科学知识—少儿读物②生物学—少儿读物 Ⅳ．① Z228.1 ② Q-49

中国版本图书馆 CIP 数据核字 (2022) 第 076197 号

著作权合同登记号：13-2022-034 号

著　　者　［法］维尔吉妮·阿拉德基迪
绘　　者　［法］艾玛纽埃尔·楚克瑞尔
译　　者　刘暑月
出 版 人　林　彬　　出版统筹　吴兴元
编辑统筹　杨建国　　责任编辑　廖飞琴　龙文涛
特约编辑　秦宏伟　　装帧制造　墨白空间·王莹
营销推广　ONEBOOK　　排　　版　余潇靓

我的手绘博物馆 万物生灵
WO DE SHOUHUI BOWUGUAN WANWU SHENGLING

出版发行：海峡书局　　地　　址：福州市白马中路 15 号海峡出版发行集团 2 楼
邮　　编：350004　　印　　刷：天津联城印刷有限公司
开　　本：787mm × 1092mm　1/32
印　　张：16　　字　　数：20 千字
版　　次：2022 年 8 月第 1 版　　印　　次：2022 年 12 月第 2 次
书　　号：ISBN 978-7-5567-0973-1　　定　　价：168.00 元

读者服务：reader@hinabook.com 188-1142-1266
投稿服务：onebook@hinabook.com 133-6631-2326
直销服务：buy@hinabook.com 133-6657-3072
官方微博：@浪花朵朵童书

浪花朵朵

万物生灵

我的手绘博物馆

[法]维尔吉妮·阿拉德基迪——著
[法]艾玛纽埃尔·楚克瑞尔——绘
刘暑月——译

海峡出版发行集团 THE STRAITS PUBLISHING & DISTRIBUTING GROUP | 海峡书局

序言

让我们一起来欣赏大自然之美，欣赏万物之美。

本书大多选自“我的手绘博物馆”系列。该系列文字由维尔吉妮·阿拉德基迪创作，插画由科学插画家艾玛纽埃尔·楚克瑞尔绘制。

地球上有几百万种生物，本书选择其中的500多种，为你展示生物的多样性。

如今，人们依据系统发生学，按演化支或族群对自然界进行分类。这一方法自20世纪80年代开始在法国流行，考虑了演化的过程，而不仅仅是生物的形态或外形，能帮助我们“看到”生物们的共同祖先。

尽管如此，我们在本书中还是采用了一种“混合分类法”。在每个章节标题中，我们使用了非科学的通俗表达。植物部分，正文顶部的名称为其“科”名，正文中间给出了它的名称；动物部分，正文顶部的名称则有不同的分类学层级，最普遍的是“目”，正文中间给出了它的名称及所属“纲”或“门”。

本书图文并茂，希望能为你带来视觉上的享受，并让你体会到分类的乐趣。相信你能结合自己的喜好和知识，从中体会到观察的趣味，走进并融入如此近又如此远，如此脆弱又如此美丽的自然之中。

科学审查员：

- **露西·吉迪内**在接受了进化生态学方面的培训后，转向科学文化传播领域。进入博物馆行业后，她成为南锡水族自然科学博物馆的助理主任，喜欢为年轻人和老年人设计书籍、展览。

- **卡蒂亚·阿斯塔菲耶夫**是一名生物学家，专门从事科学与技术交流工作。她是大南锡和洛林大学植物园的副主任，也是一位作家。

目录

哺乳动物

灰 狼

纲：哺乳纲

鬃 狼

纲：哺乳纲

家犬

纲：哺乳纲

伶鼬

纲：哺乳纲

石貂

纲：哺乳纲

夏季的白鼬

白鼬

纲：哺乳纲

冬季的白鼬

狗 獾

纲：哺乳纲

耳廓狐

纲：哺乳纲

棕 熊

纲：哺乳纲

大熊猫

纲：哺乳纲

水 獭

纲：哺乳纲

赤 狐

纲：哺乳纲

北极狐

纲：哺乳纲

地中海僧海豹

纲：哺乳纲

海 獭

纲：哺乳纲

海 象

纲：哺乳纲

非洲毛皮海狮

纲：哺乳纲

北极熊

纲：哺乳纲

雪 豹

纲：哺乳纲

猞猁

纲：哺乳纲

虎

纲：哺乳纲

狮

纲：哺乳纲

金钱豹

纲：哺乳纲

猎 豹

纲：哺乳纲

狐 獴

纲：哺乳纲

家 猫

纲：哺乳纲

真海豚

纲：哺乳纲

长吻原海豚

纲：哺乳纲

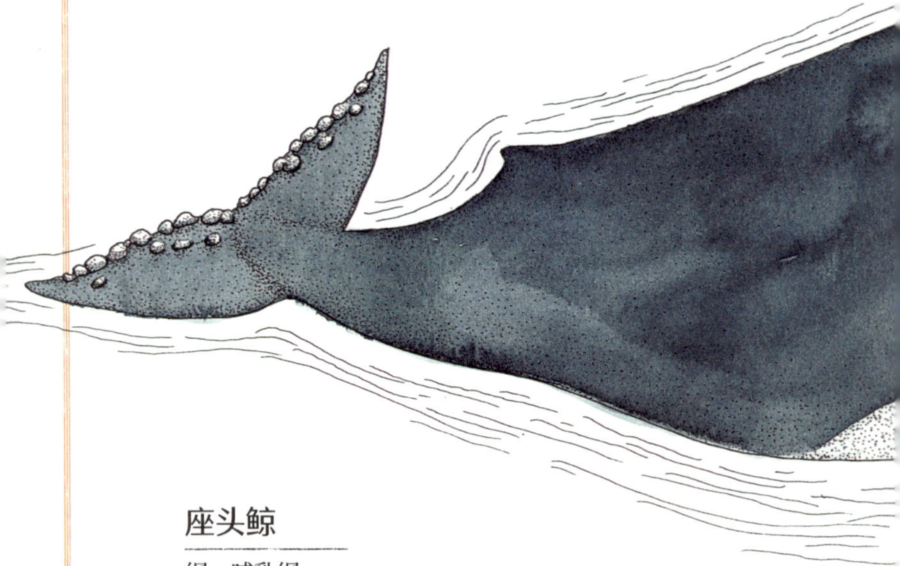

座头鲸

纲：哺乳纲

虎 鲸

纲：哺乳纲

抹香鲸

纲：哺乳纲

长须鲸

纲：哺乳纲

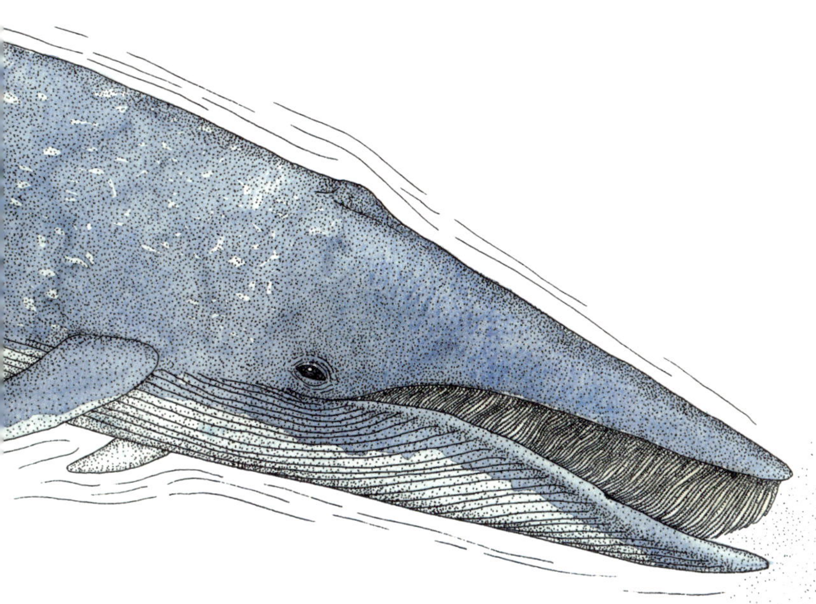

蓝鲸

纲：哺乳纲

儒 艮

纲：哺乳纲

一角鲸

纲：哺乳纲

单峰驼

纲：哺乳纲

弯角剑羚

纲：哺乳纲

跳 羚

纲：哺乳纲

长颈鹿

纲：哺乳纲

臆 羚

纲：哺乳纲

羱羊

纲：哺乳纲

马鹿

纲：哺乳纲

绵 羊

纲：哺乳纲

山 羊

纲：哺乳纲

野山羊

纲：哺乳纲

黄牛

纲：哺乳纲

美洲野牛

纲：哺乳纲

野 猪

纲：哺乳纲

猪

纲：哺乳纲

穴 兔

纲：哺乳纲

雪 兔

纲：哺乳纲

普通马岛猬

纲：哺乳纲

水鼠耳蝠

纲：哺乳纲

西欧刺猬

纲：哺乳纲

黑耳负鼠

纲：哺乳纲

红大袋鼠

纲：哺乳纲

塔斯马尼亚袋熊

纲：哺乳纲

黑 犀

纲：哺乳纲

草原斑马

纲：哺乳纲

驴

纲：哺乳纲

马

纲：哺乳纲

大食蚁兽

纲：哺乳纲

白喉三趾树懒

纲：哺乳纲

大猩猩

纲：哺乳纲

婆罗洲猩猩

纲：哺乳纲

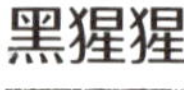

黑猩猩

纲：哺乳纲

棕头蜘蛛猴

纲：哺乳纲

环尾狐猴

纲：哺乳纲

红吼猴

纲：哺乳纲

非洲草原象

纲：哺乳纲

非洲跳鼠

纲：哺乳纲

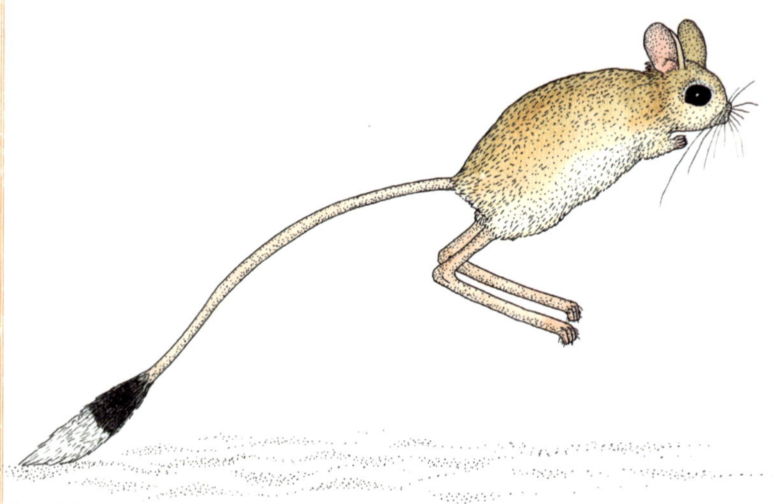

黑象鼩

纲：哺乳纲

阿尔卑斯旱獭

纲：哺乳纲

南非地松鼠

纲：哺乳纲

欧亚红松鼠

纲：哺乳纲

河 狸

纲：哺乳纲

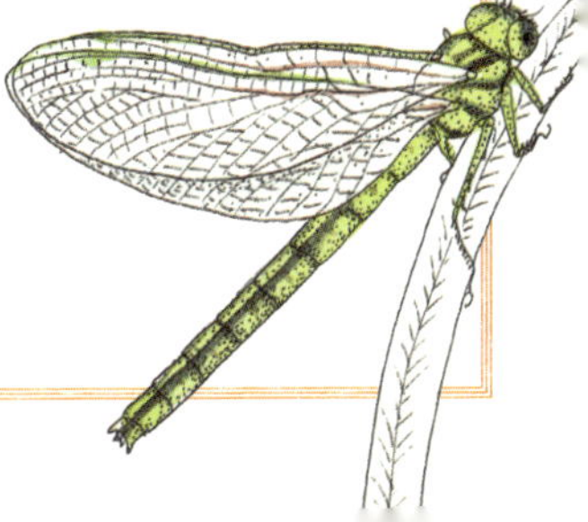

园睡鼠

纲：哺乳纲

欧洲雪田鼠

纲：哺乳纲

非洲冕豪猪

纲：哺乳纲

巴西树豪猪

纲：哺乳纲

欧洲鼹鼠

纲：哺乳纲

鼩鼱

纲：哺乳纲

长尾穿山甲

纲：哺乳纲

鸭嘴兽

纲：哺乳纲

鸟

灰 雁

纲：鸟纲

体长：76~89 厘米

翼展：147~180 厘米

绿头鸭

纲：鸟纲

体长：51~62 厘米
翼展：81~98 厘米

疣鼻天鹅

纲：鸟纲

体长：140~160 厘米

翼展：200~240 厘米

黑冕鹤

纲：鸟纲

体长：可达 105 厘米

翼展：180~200 厘米

红嘴鸥

纲：鸟纲

体长：34~37 厘米

翼展：99 厘米

蛎 鹬

纲：鸟纲

体长：40~45 厘米

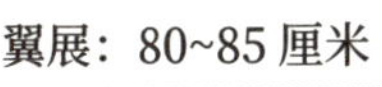

翼展：80~85 厘米

乌燕鸥

纲：鸟纲

体长：33~36 厘米
翼展：82~94 厘米

普通燕鸥

纲：鸟纲

体长：31~35 厘米

翼展：77~98 厘米

刀嘴海雀

纲：鸟纲

体长：37~39 厘米

翼展：可达 65 厘米

北极海鹦

纲：鸟纲

体长：26~29 厘米
翼展：47~63 厘米

大黑背鸥

纲：鸟纲

体长：64~78 厘米

翼展：150~170 厘米

黑啄木鸟

纲：鸟纲

体长：45~57 厘米
翼展：64~84 厘米

大斑啄木鸟

纲：鸟纲

体长：22~23 厘米

翼展：34~39 厘米

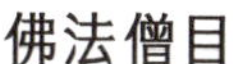

蓝胸佛法僧

纲：鸟纲

体长：29~32 厘米

翼展：52~58 厘米

黄喉蜂虎

纲：鸟纲

体长：25~29 厘米

翼展：可达 47 厘米

戴胜

纲：鸟纲

体长：25~32 厘米

翼展：44~48 厘米

普通翠鸟

纲：鸟纲

体长：15~17 厘米

翼展：约 25 厘米

大斑凤头鹃

纲：鸟纲

体长：35~40 厘米

翼展：可达 62 厘米

大杜鹃

纲：鸟纲

体长：32~34 厘米

翼展：可达 55.5 厘米

西域兀鹫

纲：鸟纲

体长：93~122 厘米

翼展：230~280 厘米

胡兀鹫

纲：鸟纲

体长：可达 120 厘米

翼展：可达 280 厘米

白头海雕

纲：鸟纲

体长：71~96 厘米

翼展：180~230 厘米

欧亚鵟

纲：鸟纲

体长：51~57 厘米

翼展：109~140 厘米

美洲隼

纲：鸟纲

体长：20~31 厘米

翼展：51~61 厘米

安第斯神鹫

纲：鸟纲

体长：100~140 厘米

翼展：270~320 厘米

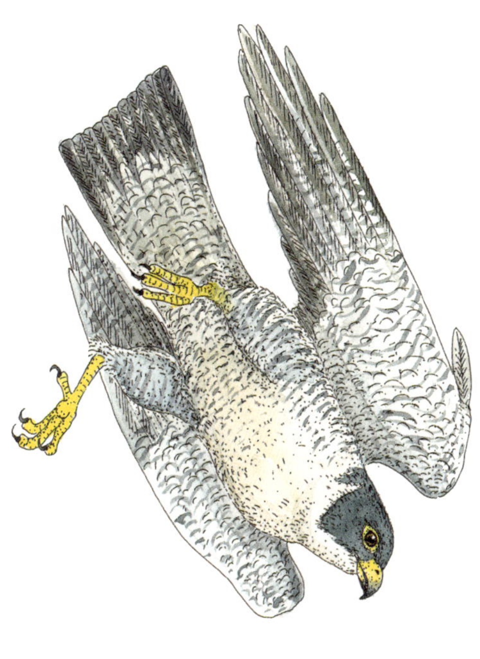

游隼

纲：鸟纲

体长：34~50 厘米

翼展：74~120 厘米

金雕

纲：鸟纲

体长：76~101 厘米

翼展：190~220 厘米

岩雷鸟

纲：鸟纲

体长：34~36 厘米

翼展：54~60 厘米

黑琴鸡

纲：鸟纲

体长：45~60 厘米

翼展：可达 72 厘米

白冠长尾雉

纲：鸟纲

体长：可达 170 厘米

翼展：可达 80 厘米

山齿鹑

纲：鸟纲

体长：24~28 厘米

翼展：33~38 厘米

蓝孔雀

纲：鸟纲

体长：约 86~212 厘米

翼展：约 140~160 厘米

鸡

纲：鸟纲

体长：25~40 厘米

翼展：60~90 厘米

青山雀

纲：鸟纲

体长：11~12 厘米
翼展：可达 18 厘米

大山雀

纲：鸟纲

体长：可达 14 厘米
翼展：可达 25 厘米

欧亚鸲

纲：鸟纲

体长：可达 14 厘米

翼展：20~22 厘米

家麻雀

纲：鸟纲

体长：可达 16 厘米

翼展：19~25 厘米

红额金翅雀

纲：鸟纲

体长：可达 14 厘米
翼展：21~25 厘米

黄鹡鸰

纲：鸟纲

体长：16~17 厘米

翼展：可达 28 厘米

渡 鸦

纲：鸟纲

体长：56~69 厘米
翼展：115~150 厘米

乌 鸫

纲：鸟纲

体长：24~29 厘米
翼展：可达 36 厘米

黄道眉鹀

纲：鸟纲

体长：15~16.5 厘米
翼展：22~23.5 厘米

灰白喉林莺

纲：鸟纲

体长：可达 14 厘米
翼展：可达 22 厘米

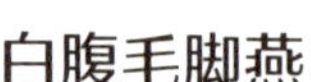

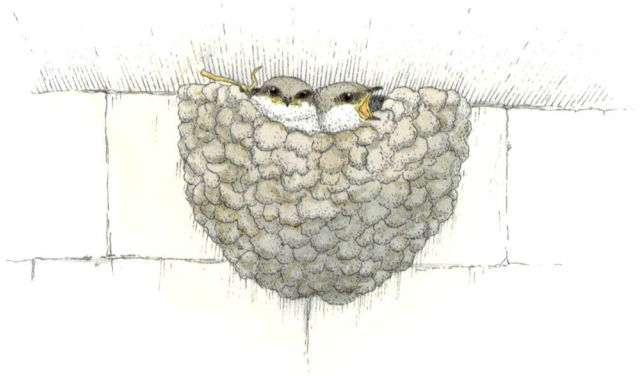

白腹毛脚燕

纲：鸟纲

体长：可达 13 厘米

翼展：26~29 厘米

家 燕

纲：鸟纲

体长：15~19 厘米

翼展：33 厘米

太平鸟

纲：鸟纲

体长：可达 20 厘米

翼展：32~35.5 厘米

壮丽细尾鹩莺

纲：鸟纲

体长：可达 14 厘米

戴 菊

纲：鸟纲

体长：8.5~9.5 厘米
翼展：13.5~15.5 厘米

喜鹊

纲：鸟纲

体长：可达 46 厘米

翼展：52~62 厘米

苍头燕雀

纲：鸟纲

体长：可达 15.5 厘米

翼展：24.5~28.5 厘米

黑喉石䳭

纲：鸟纲

体长：可达 13 厘米
翼展：可达 20 厘米

印度洋石䳭

纲：鸟纲

体长：可达 12.5 厘米
翼展：可达 21 厘米

新几内亚极乐鸟

纲：鸟纲

体长：可达 33 厘米
翼展：可达 55 厘米

北美红雀

纲：鸟纲

体长：21~23 厘米
翼展：25~31 厘米

黄腰太阳鸟

纲：鸟纲

体长：可达 12 厘米

赭红尾鸲

纲：鸟纲

体长：13~14.5 厘米

翼展：可达 26 厘米

新疆歌鸲

纲：鸟纲

体长：可达 16.5 厘米

翼展：可达 24 厘米

紫翅椋鸟

纲：鸟纲

体长：可达 22 厘米
翼展：可达 37 厘米

水 鹨

纲：鸟纲

体长：约 17 厘米

翼展：约 23~28 厘米

穗 鵰

纲：鸟纲

体长：约 16 厘米
翼展：26~32 厘米

苍 鹭

纲：鸟纲

体长：85~90 厘米

翼展：可达 185 厘米

帝企鹅

纲：鸟纲

体长：110~120 厘米
翼展：76~89 厘米

美洲红鹮

纲：鸟纲

体长：56~61 厘米

翼展：可达 101 厘米

非洲白鹮

纲：鸟纲

体长：65~75 厘米

翼展：可达 117 厘米

蓝眼鸬鹚

纲：鸟纲

体长：70~79 厘米

翼展：约 124 厘米

澳大利亚鹈鹕

纲：鸟纲

体长：可达 188 厘米

翼展：230~260 厘米

褐鹈鹕

纲：鸟纲

体长：100~140 厘米

翼展：180~250 厘米

北鲣鸟

纲：鸟纲

体长：90~100 厘米
翼展：170~180 厘米

巨 鹱

纲：鸟纲

体长：86~99 厘米
翼展：185~205 厘米

欧洲白鹳

纲：鸟纲

体长：100~120 厘米

翼展：可达 205 厘米

漂泊信天翁

纲：鸟纲

体长：110~140 厘米

翼展：可达 305 厘米

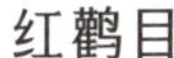

大红鹳

纲：鸟纲

体长：110~150 厘米

翼展：可达 150 厘米

朱红蜂鸟

纲：鸟纲

体长：约 10 厘米
翼展：约 12 厘米

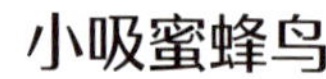

小吸蜜蜂鸟

纲：鸟纲

体长：约 7 厘米

吸蜜蜂鸟

纲：鸟纲

体长：约 7 厘米

普通楼燕

纲：鸟纲

体长：16~17 厘米
翼展：38~40 厘米

五彩金刚鹦鹉

纲：鸟纲

体长：79~89 厘米

黄领牡丹鹦鹉

纲：鸟纲

体长：可达 16 厘米

葵花凤头鹦鹉

纲：鸟纲

体长：44~55 厘米

翼展：约 60 厘米

鸮鹦鹉

纲：鸟纲

体长：可达 60 厘米

翼展：约 30 厘米

虎皮鹦鹉

纲：鸟纲

体长：可达 18 厘米
翼展：可达 30 厘米

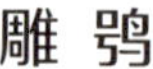
雕鸮

纲：鸟纲

体长：60~75 厘米

翼展：可达 170 厘米

仓鸮

纲：鸟纲

体长：25~45 厘米

翼展：可达 90 厘米

花头鸺鹠

纲：鸟纲

体长：15~19 厘米

翼展：32~39 厘米

雪 鸮

纲：鸟纲

体长：51~69 厘米

翼展：137~168 厘米

非洲鸵鸟

纲：鸟纲

体长：170~270 厘米

翼展：约 200 厘米

褐几维鸟

纲：鸟纲

体长：65~70 厘米

两栖动物

染色箭毒蛙

纲：两栖纲

草莓箭毒蛙

纲：两栖纲

欧洲水蛙

纲：两栖纲

火蝾螈

纲：两栖纲

大凤头蝾螈

纲：两栖纲

高山欧螈

纲：两栖纲

爬行动物

喷点变色龙

纲：爬行纲

北非刺尾蜥

纲：爬行纲

绿鬣蜥

纲：爬行纲

西部菱斑响尾蛇

纲：爬行纲

蓝灰扁尾海蛇

纲：爬行纲

侏儒壁虎

纲：爬行纲

森 蚺

纲：爬行纲

锥吻古鳄

纲：爬行纲

湾鳄

纲：爬行纲

尼罗鳄

纲：爬行纲

棱皮龟

纲：爬行纲

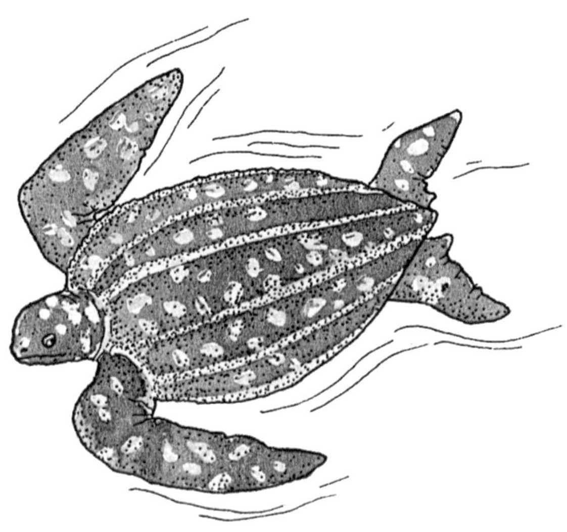

鱼

噬人鲨

纲：软骨鱼纲

锤头双髻鲨

纲：软骨鱼纲

双吻前口蝠鲼

纲：软骨鱼纲

珍电鳐

纲：软骨鱼纲

鲸鲨

纲：软骨鱼纲

小齿锯鳐

纲：软骨鱼纲

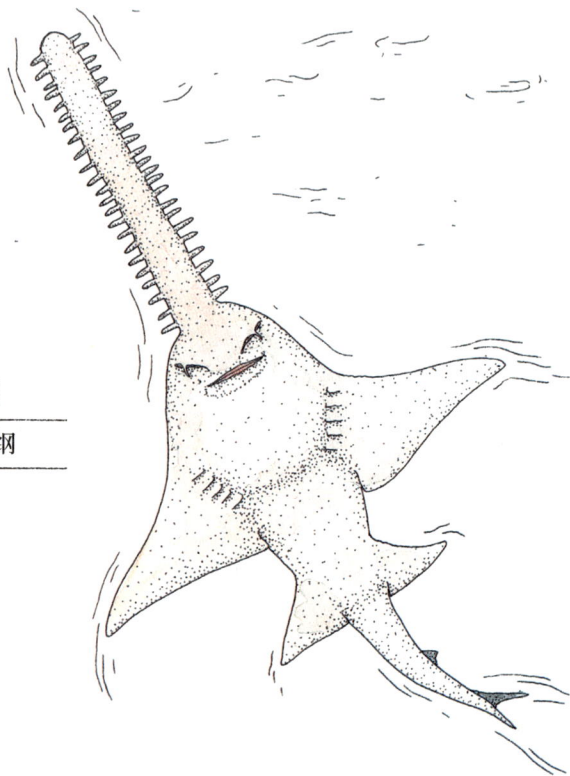

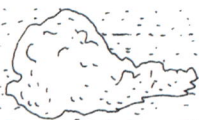

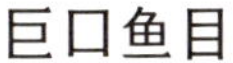

蝰 鱼

纲：硬骨鱼纲

白斑狗鱼

纲：硬骨鱼纲

三刺鱼

纲：硬骨鱼纲

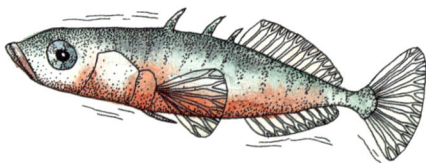

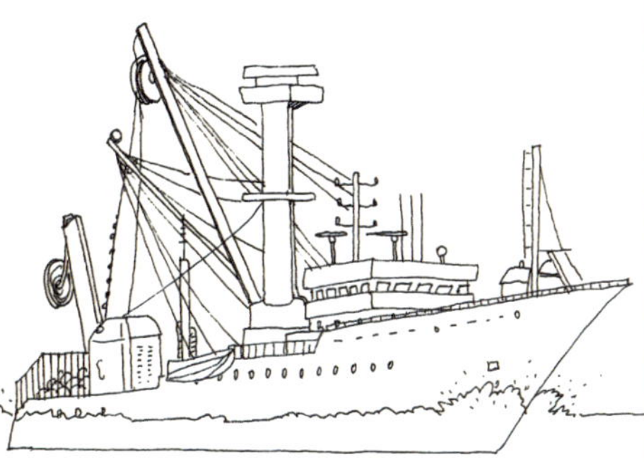

北方蓝鳍金枪鱼

纲：硬骨鱼纲

长吻海马

纲：硬骨鱼纲

翱翔飞鱼

纲：硬骨鱼纲

异尾须唇飞鱼

纲：硬骨鱼纲

蓝刺尾鱼

纲：硬骨鱼纲

红海马夫鱼

纲：硬骨鱼纲

平鳍旗鱼

纲：硬骨鱼纲

镊口鱼

纲：硬骨鱼纲

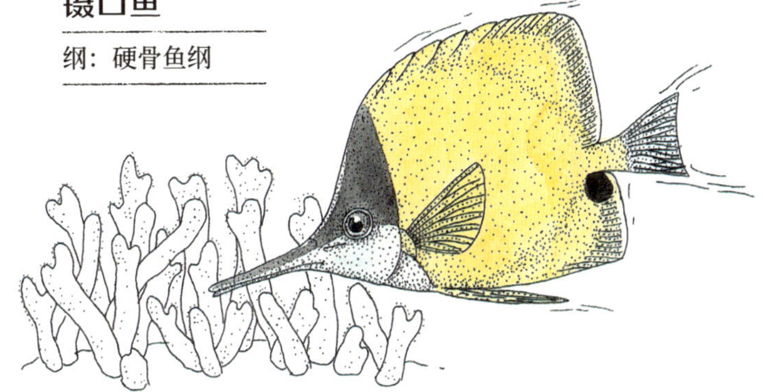

额斑刺蝶鱼

纲：硬骨鱼纲

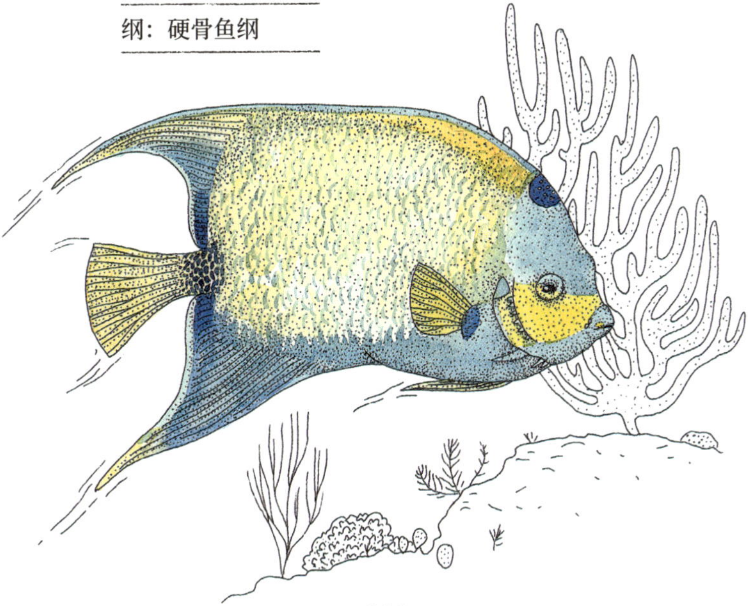

沙丁鱼

纲：硬骨鱼纲

斑点裸胸鳝

纲：硬骨鱼纲

欧洲鳗鲡

纲：硬骨鱼纲

鮈 鱼

纲：硬骨鱼纲

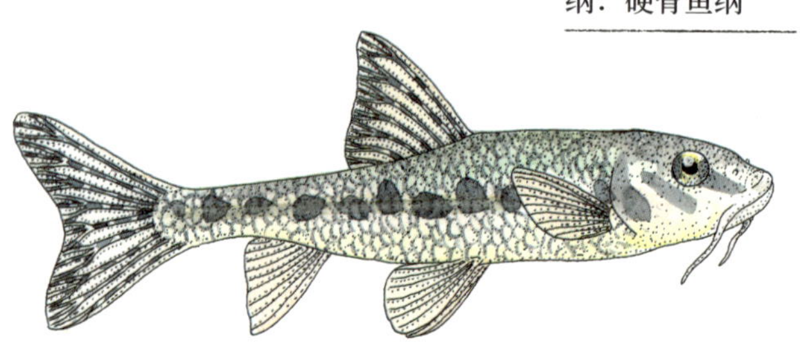

鲃 鱼

纲：硬骨鱼纲

真鲹

纲：硬骨鱼纲

河鳟

纲：硬骨鱼纲

大西洋鲑鱼

纲：硬骨鱼纲

北极红点鲑

纲：硬骨鱼纲

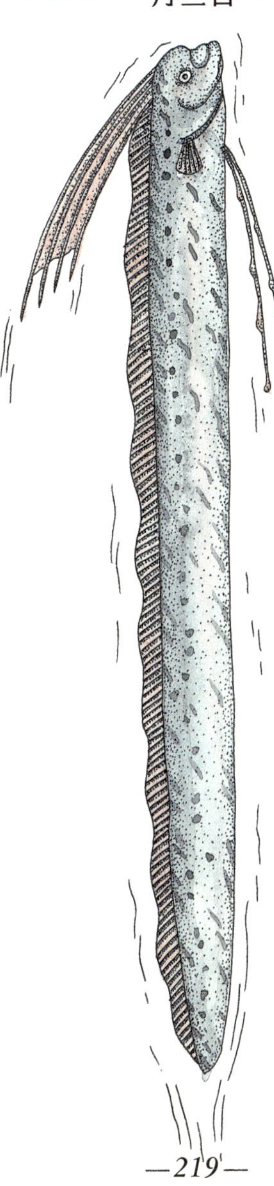

皇带鱼

纲：硬骨鱼纲

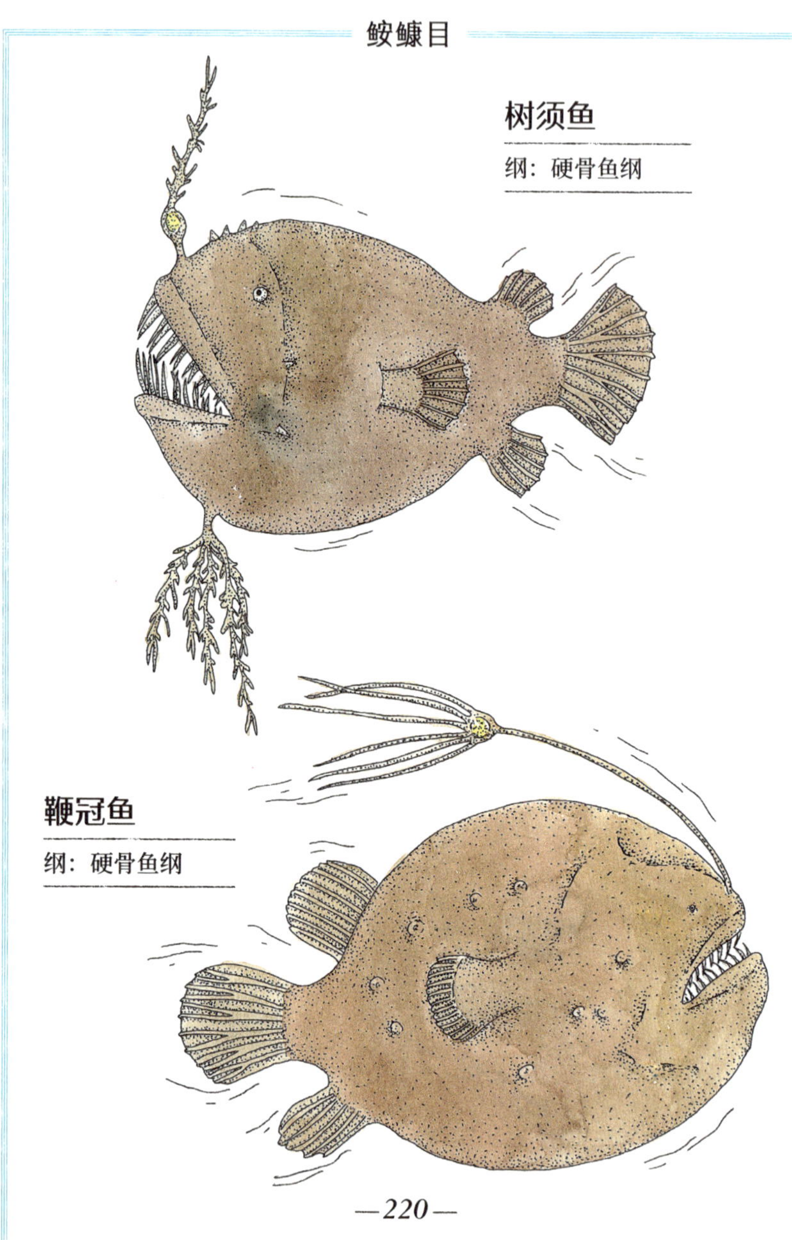

树须鱼

纲：硬骨鱼纲

鞭冠鱼

纲：硬骨鱼纲

彼氏锥颌象鼻鱼

纲：硬骨鱼纲

叉斑锉鳞鲀

纲：硬骨鱼纲

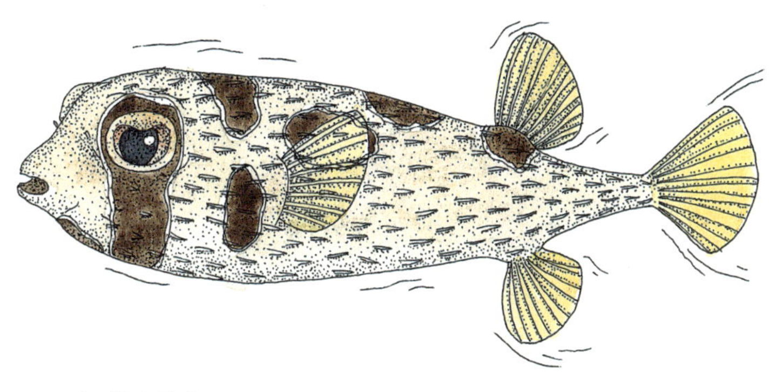

大斑刺鲀

纲：硬骨鱼纲

斑鳍蓑鲉

纲：硬骨鱼纲

昆 虫

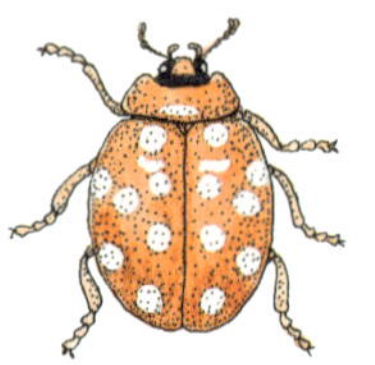

十四星瓢虫

纲：昆虫纲

体长：4~5 毫米

方斑瓢虫

纲：昆虫纲

体长：3.5~4.5 毫米

七星瓢虫

纲：昆虫纲

体长：5~7 毫米

灰眼斑瓢虫

纲：昆虫纲

体长：8~10 毫米

异色瓢虫

纲：昆虫纲

体长：5.5~8.5 毫米

金花金龟

纲：昆虫纲

体长：可达 20 毫米

神圣粪金龟

纲：昆虫纲

体长：可达 30 毫米

欧洲鳃金龟

纲：昆虫纲

体长：25~30 毫米

橡子象鼻虫

纲：昆虫纲

体长：可达 12 毫米

大天牛

纲：昆虫纲

体长：41~55 毫米

阿尔卑斯山天牛

纲：昆虫纲

体长：14~38 毫米

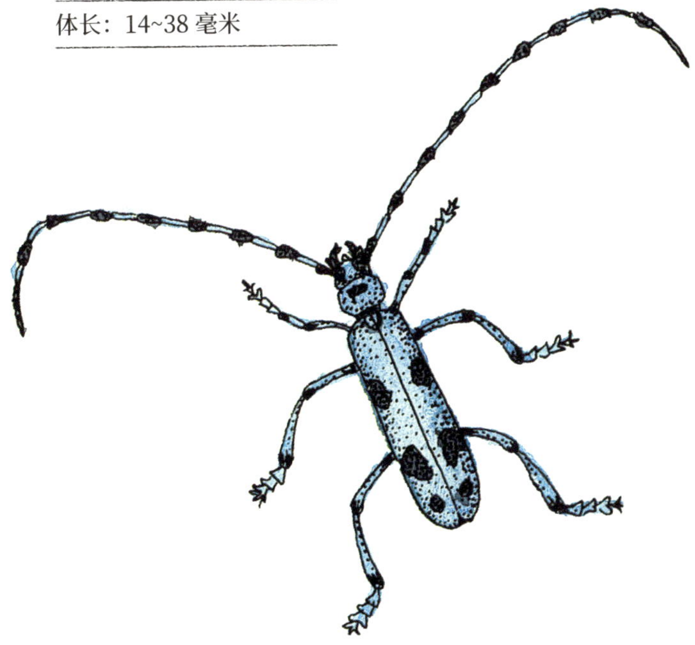

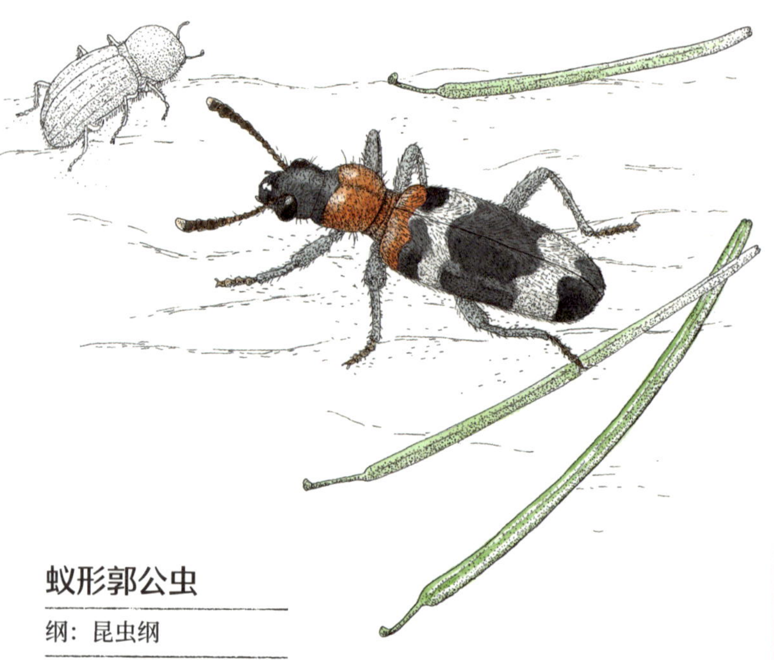

蚁形郭公虫

纲：昆虫纲

体长：可达 10 毫米

马铃薯甲虫

纲：昆虫纲

体长：约 11 毫米

欧洲深山锹形虫

纲：昆虫纲

体长：雄虫约 75 毫米，
雌虫约 35 毫米

绿虎甲

纲：昆虫纲

体长：12~15 毫米

牛头嗡蜣螂

纲：昆虫纲

体长：5.5~11 毫米

歌利亚大角花金龟

纲：昆虫纲

体长：雄虫可达 100 毫米，
雌虫可达 80 毫米

沙茅草象虫

纲：昆虫纲

体长：约 4 毫米

欧洲蠼螋

纲：昆虫纲

体长：12~15 毫米

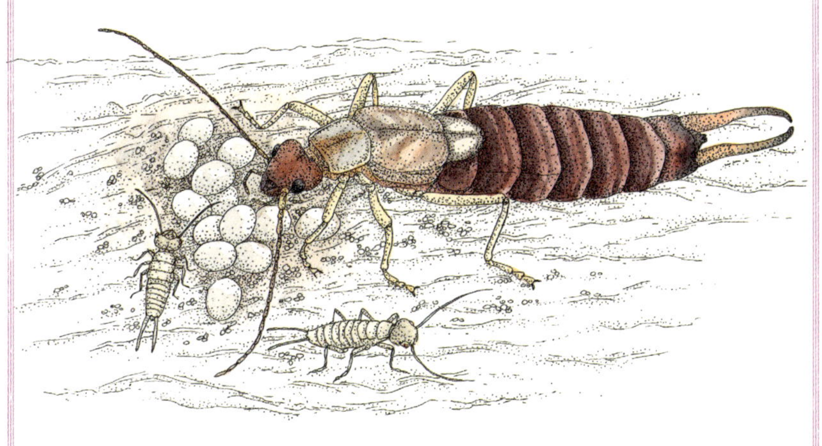

瘤虻

纲：昆虫纲

尖音库蚊

纲：昆虫纲

体长：约 8 毫米

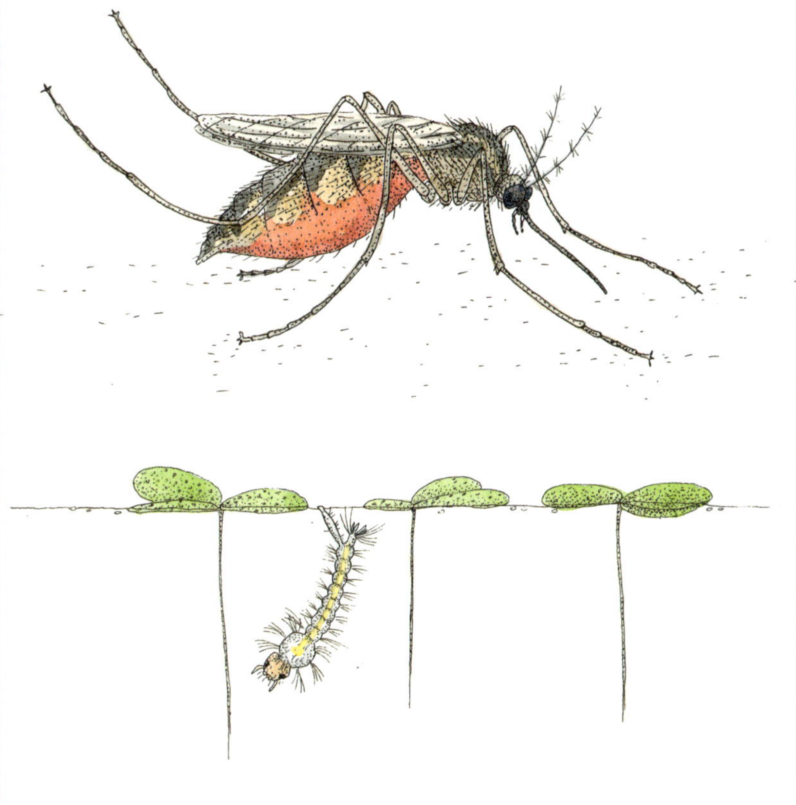

黑带蜂蚜蝇

纲：昆虫纲

体长：可达 25 毫米

斑点草螽

纲：昆虫纲

体长：雄虫可达 14 毫米，雌虫可达 17 毫米

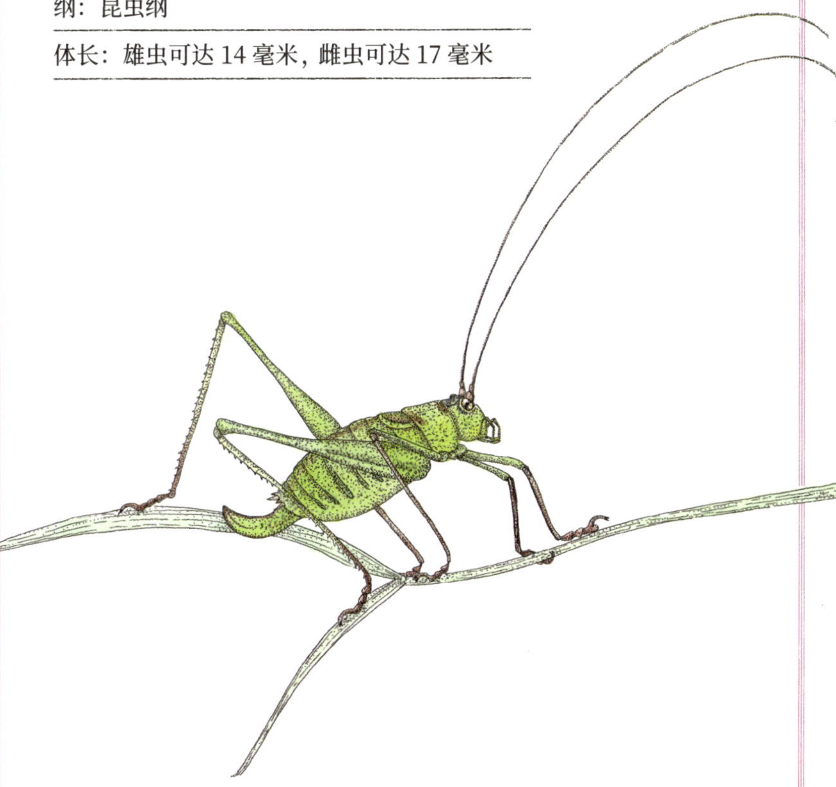

蓝斑翅蝗

纲：昆虫纲

体长：雄虫 15~21 毫米，雌虫 22~28 毫米

田野蟋蟀

纲：昆虫纲

体长：雄虫 19~23 毫米，雌虫 17~22 毫米

普通蝉

纲：昆虫纲

体长：约 28 毫米

澳大利亚蝉

纲：昆虫纲

体长：约 40 毫米

蝽

体长：不同种类的蝽体长介于 4~25 毫米

蓝菜蝽

赤条蝽

始红蝽

南瓜缘蝽

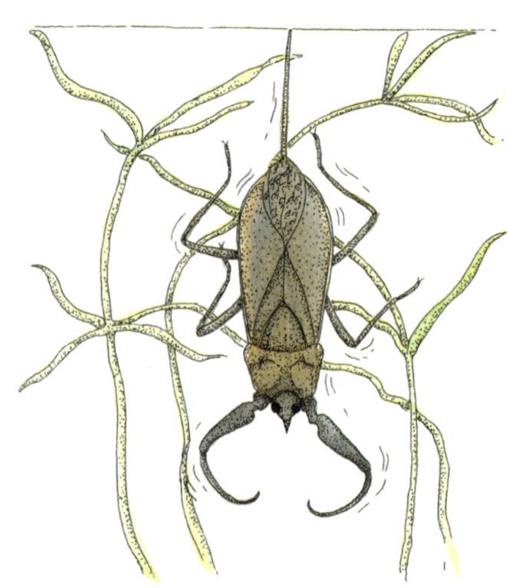

灰蝎蝽

黄胡蜂

纲：昆虫纲

体长：12~17 毫米（蜂后体长可达 20 毫米）

纸 蜂

纲：昆虫纲

体长：约 15 毫米

意大利蜜蜂

纲：昆虫纲

体长：12~14 毫米（蜂后体长可达 20 毫米）

红火蚁

纲：昆虫纲

体长：2~7 毫米

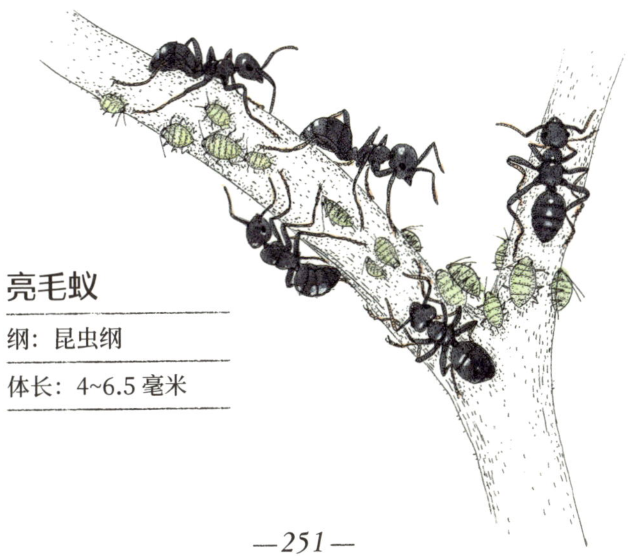

亮毛蚁

纲：昆虫纲

体长：4~6.5 毫米

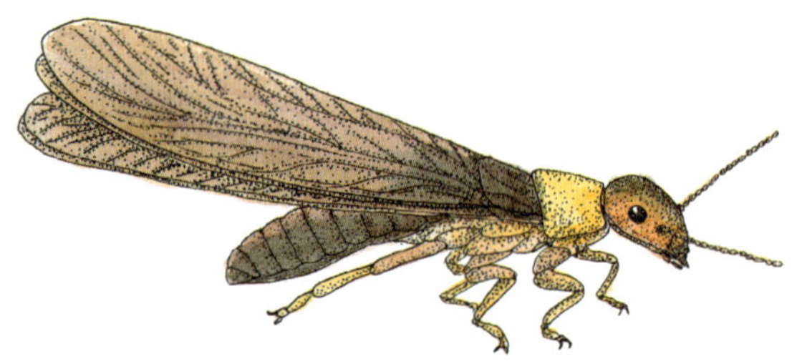

黄颈木白蚁

纲：昆虫纲

体长：8~10 毫米

帝王伟蜓

纲：昆虫纲

体长：约 78 毫米

红襟粉蝶

优红蛱蝶

钩粉蝶

毛眼蝶

孔雀蛱蝶

荨麻蛱蝶

大菜粉蝶

普蓝眼灰蝶

金凤蝶毛虫

金凤蝶

虎 蛾

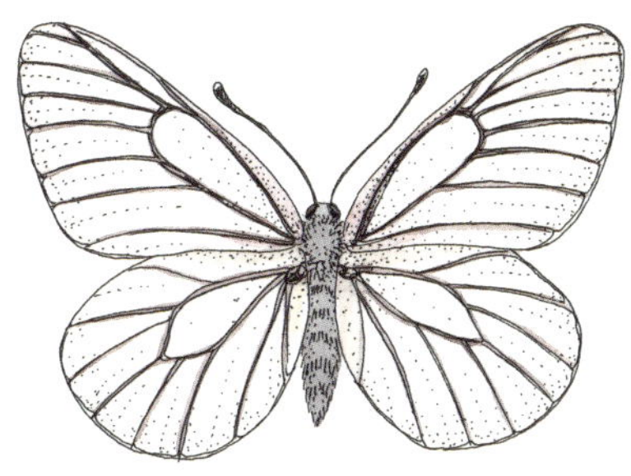

绢粉蝶

卵珍蛱蝶

六星灯蛾（珍珠梅斑蛾）

黄缘蛱蝶

纲：昆虫纲

翅展：可达 75 毫米

马采拉凤蛱蝶

纲：昆虫纲

翅展：可达 34 毫米

阿波罗绢蝶

纲：昆虫纲

翅展：50~80 毫米

黑脉金斑蝶

纲：昆虫纲

翅展：89~102 毫米

日落蛾

纲：昆虫纲

翅展：70~95 毫米

赭带鬼脸天蛾

纲：昆虫纲

翅展：80~120 毫米

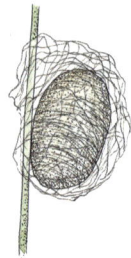

家蚕蛾

纲：昆虫纲

翅展：30~50 毫米

乌桕大蚕蛾

纲：昆虫纲

翅展：约 250 毫米

紫玫瑰凤蝶

纲：昆虫纲

翅展：约 70 毫米

混合蜓

纲：昆虫纲

体长：约 60 毫米

基斑蜻

纲：昆虫纲

体长：40~48 毫米

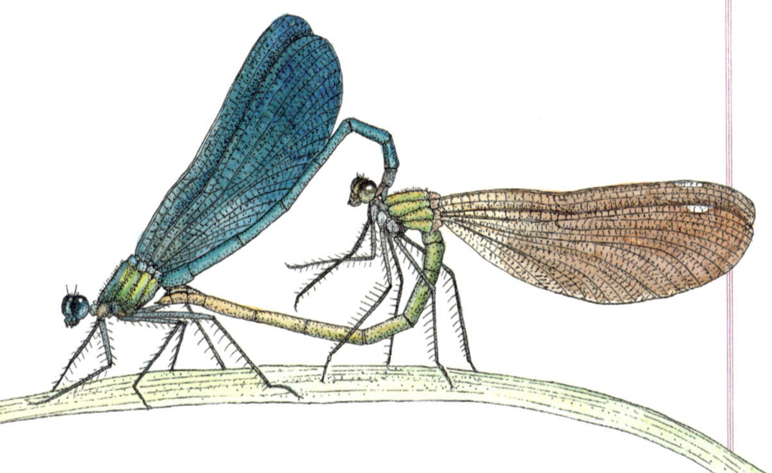

阔翅豆娘

纲：昆虫纲

体长：49~54 毫米

澳大利亚大竹节虫

纲：昆虫纲

体长：60~361 毫米

丽叶蝽

纲：昆虫纲

体长：50~100 毫米

陈氏竹节虫

纲：昆虫纲

体长：约 350 毫米

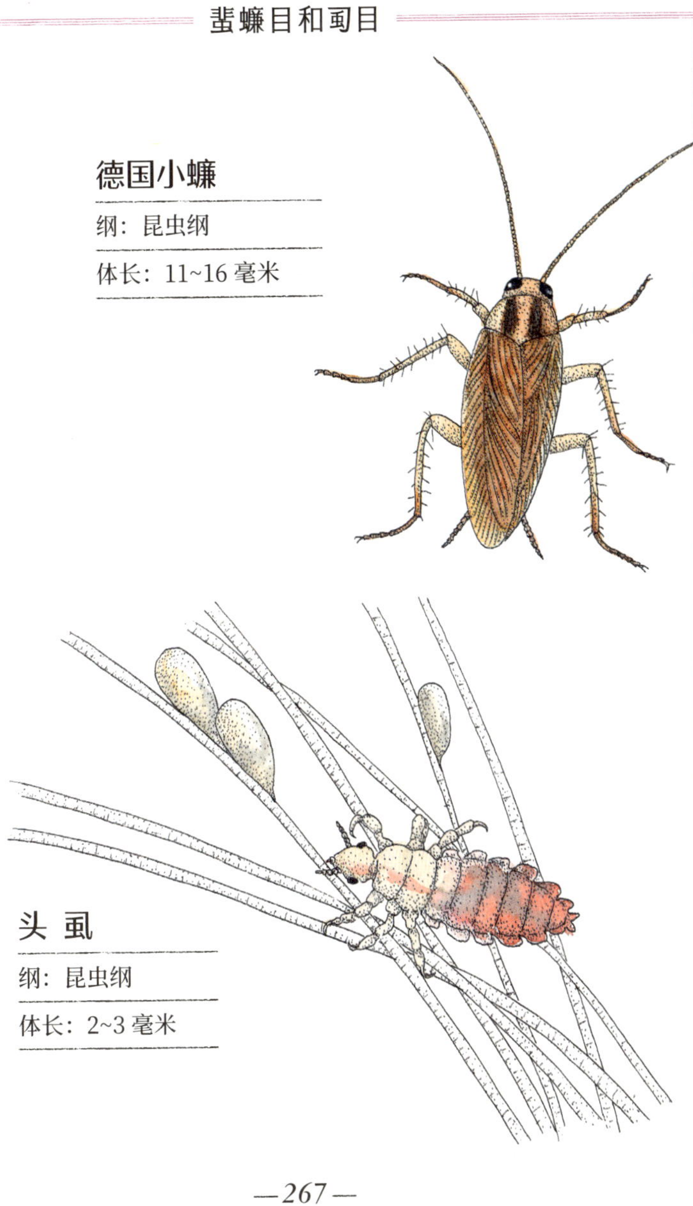

德国小蠊

纲：昆虫纲

体长：11~16 毫米

头 虱

纲：昆虫纲

体长：2~3 毫米

薄翅螳

纲：昆虫纲

体长：雄虫 60~70 毫米，
　　　雌虫 70~90 毫米

蛛形纲动物

荧光蝎

纲：蛛形纲

壁蜘蛛

纲：蛛形纲

水 蛛

纲：蛛形纲

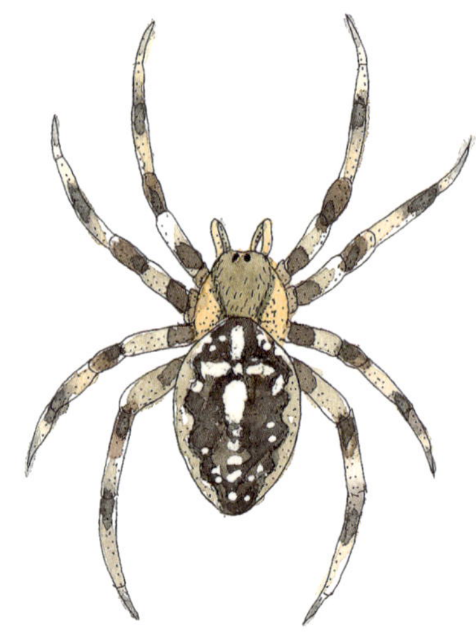

十字园蛛

纲：蛛形纲

甲壳动物

奥氏恐螯虾

门：节肢动物门

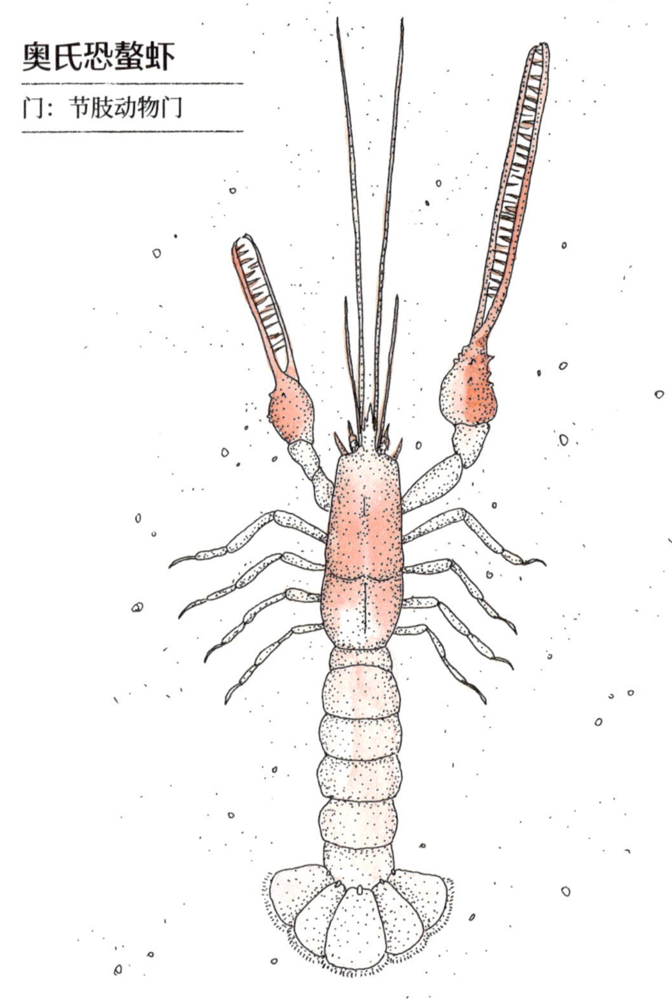

挪威海螯虾

门：节肢动物门

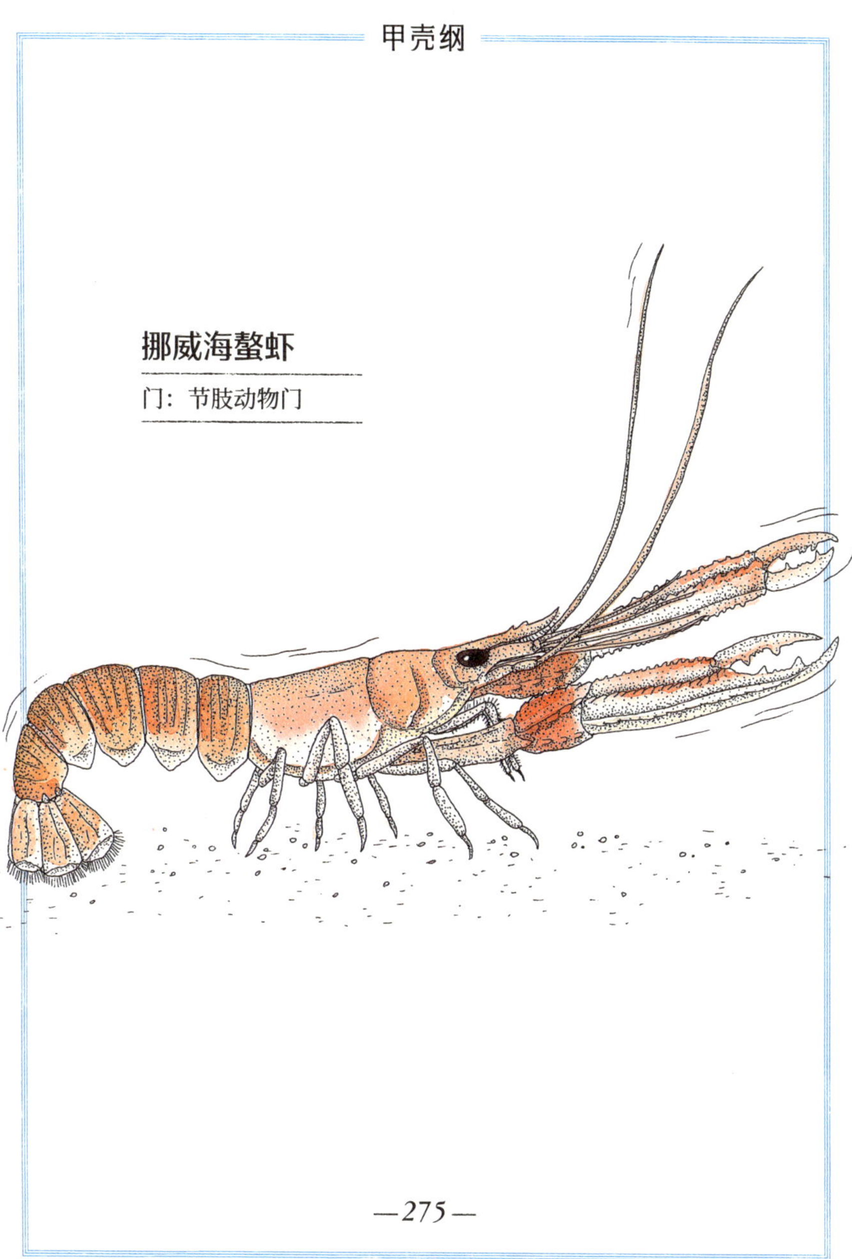

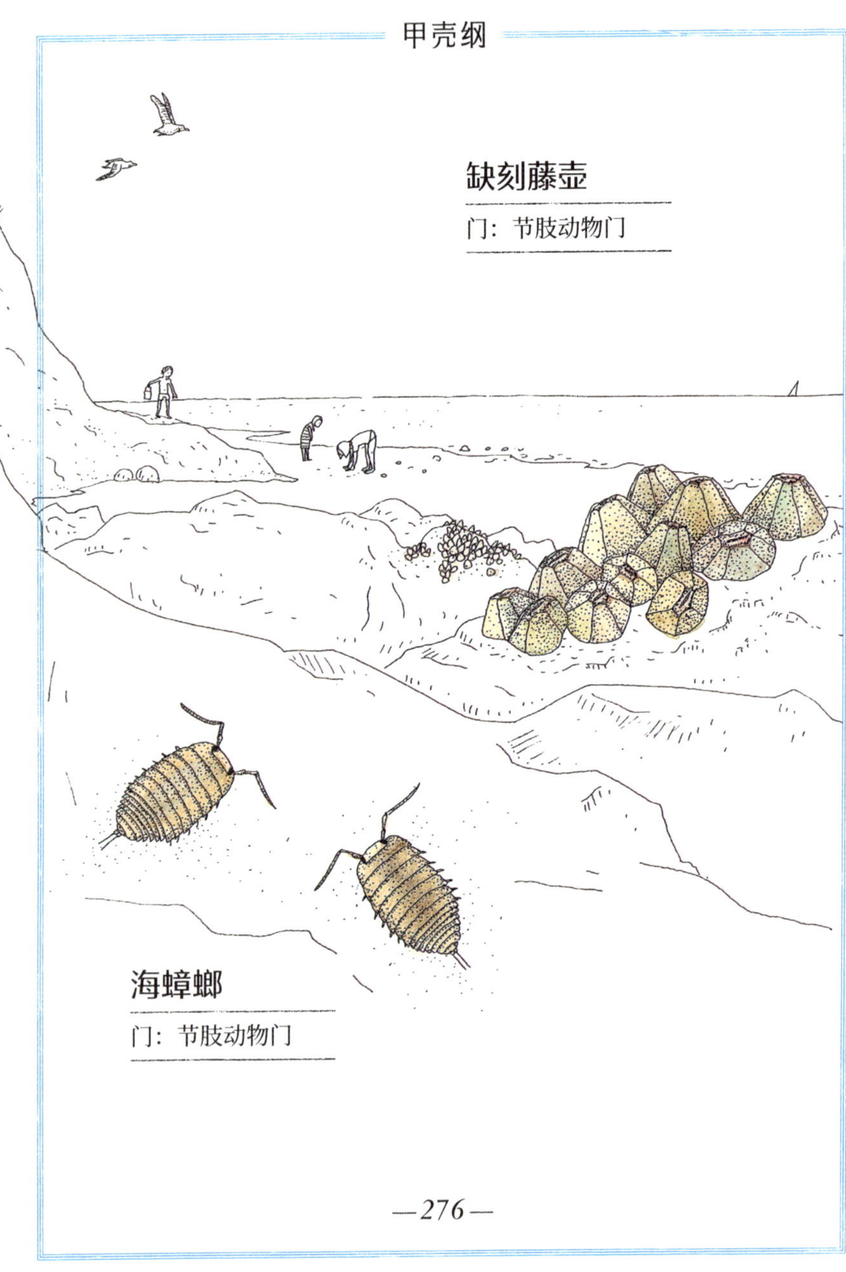
缺刻藤壶
门：节肢动物门
海蟑螂
门：节肢动物门

甲壳类浮游动物

门：节肢动物门

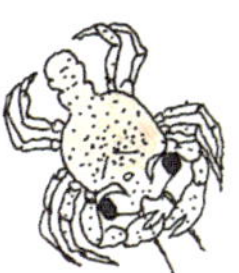

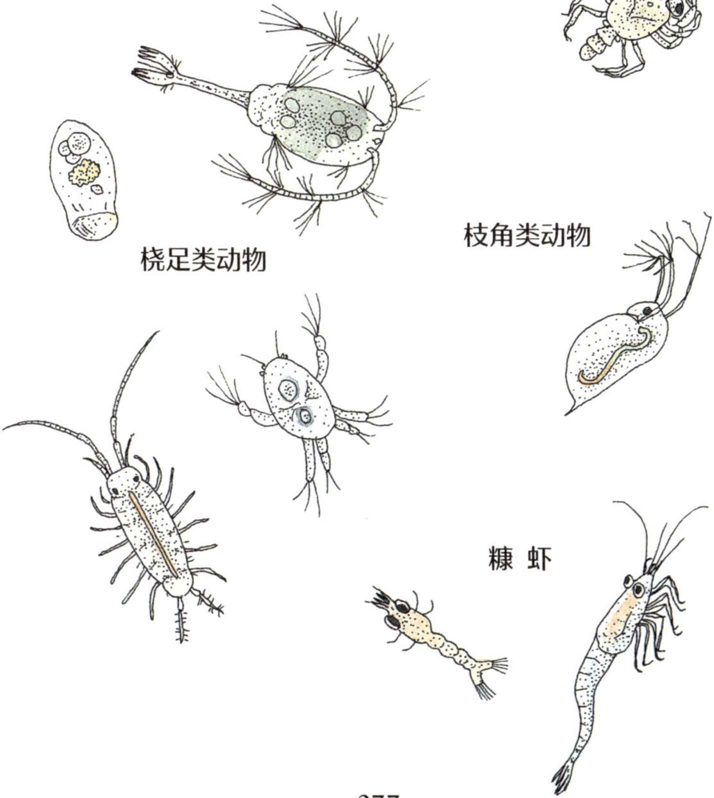

枝角类动物

桡足类动物

糠 虾

大西洋幽灵蟹

门：节肢动物门

普通滨蟹

门：节肢动物门

远海梭子蟹

门：节肢动物门

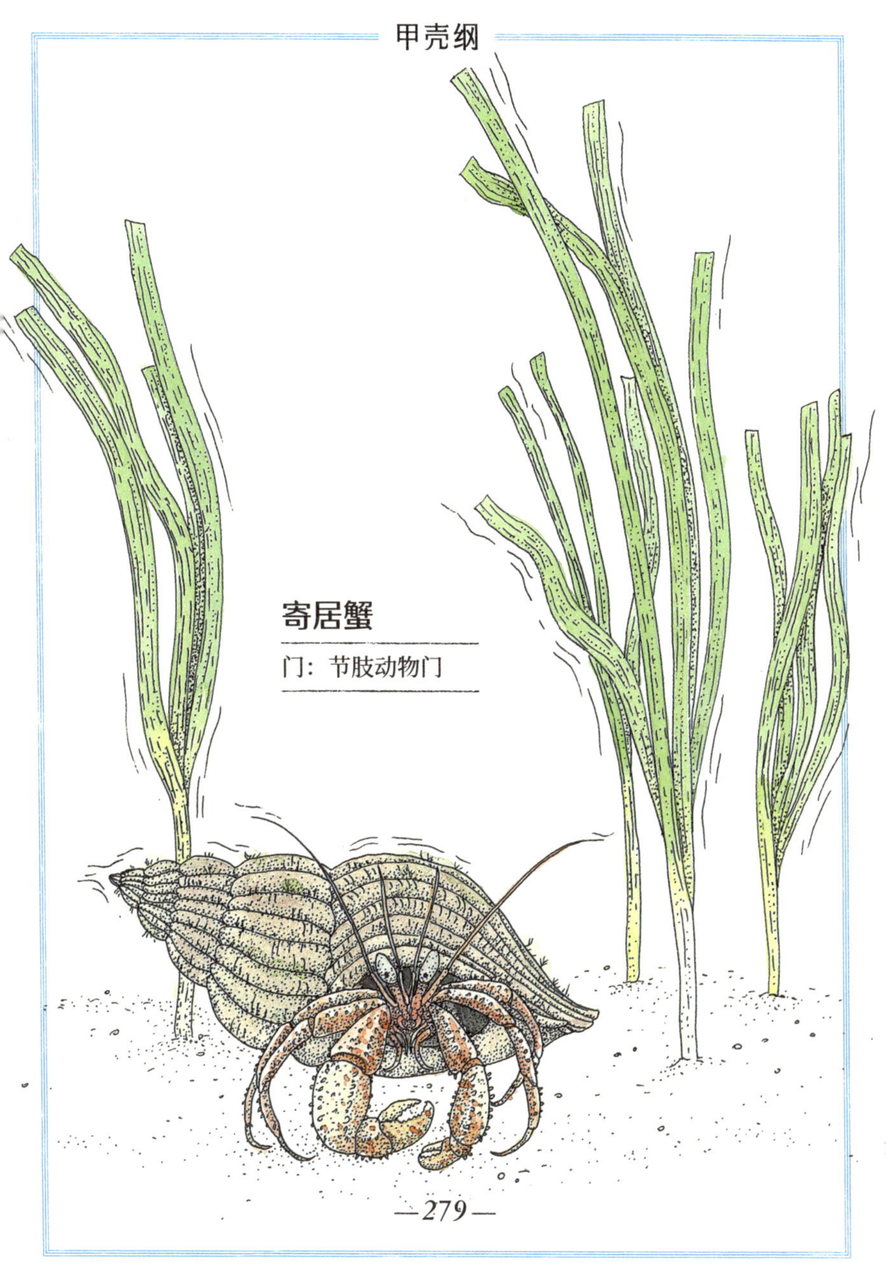

寄居蟹

门：节肢动物门

普通黄道蟹

门：节肢动物门

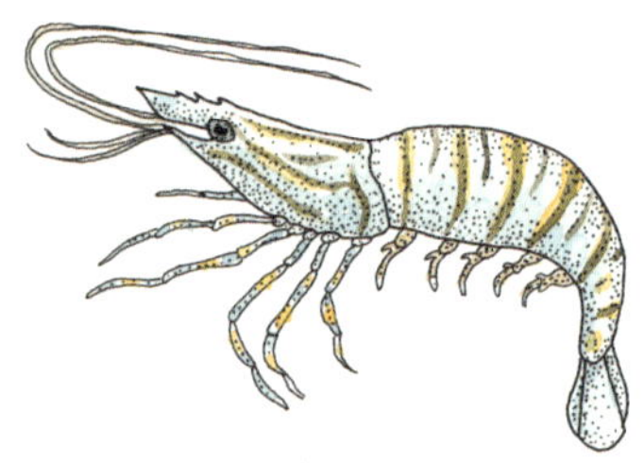

褐 虾

门：节肢动物门

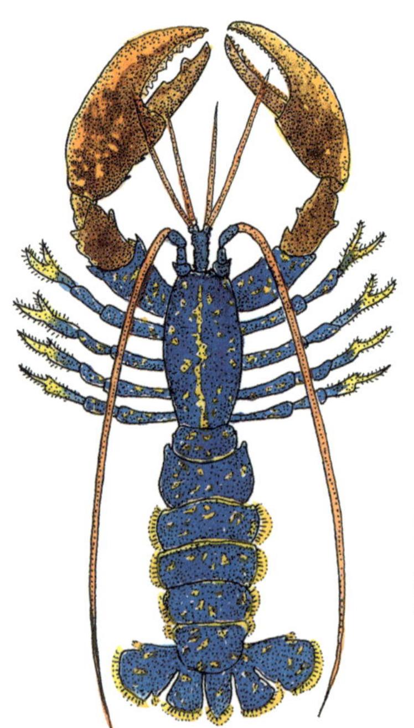

欧洲龙虾

门：节肢动物门

软体动物

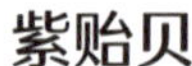

紫贻贝

门：软体动物门

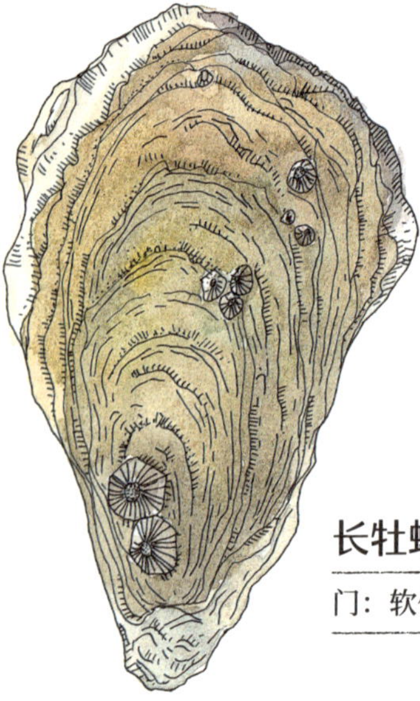

长牡蛎

门：软体动物门

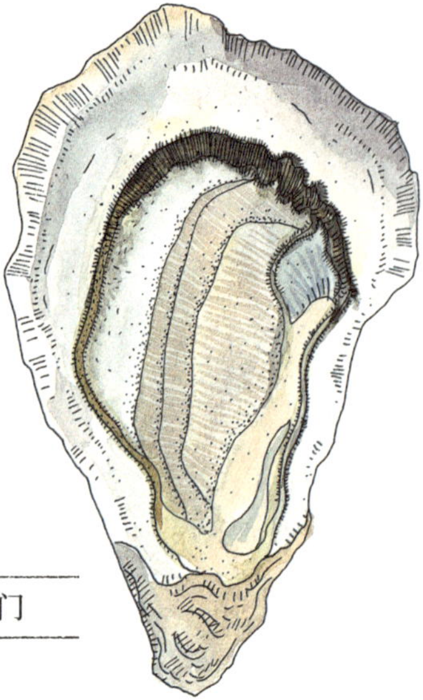

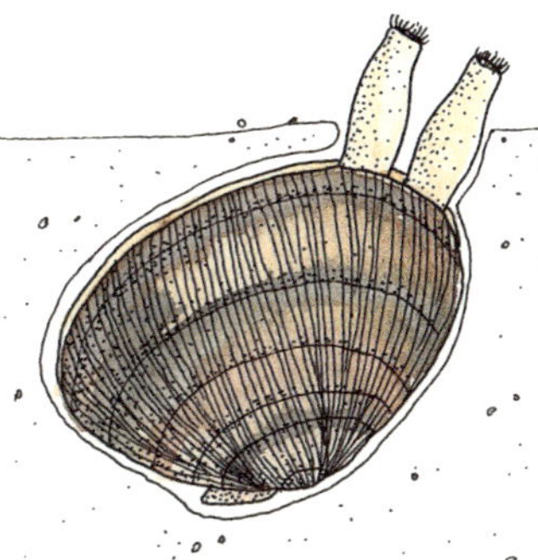

欧洲蛤

门：软体动物门

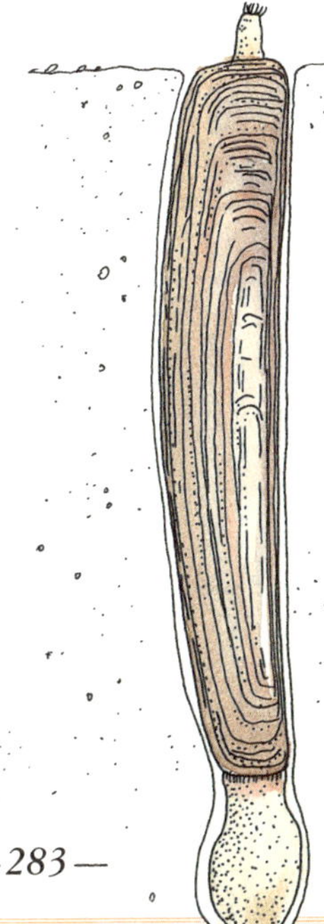

大刀蛏

门：软体动物门

欧洲扇贝

门：软体动物门

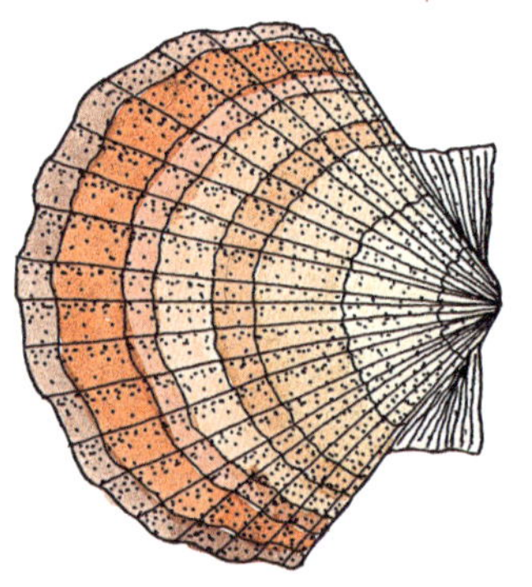
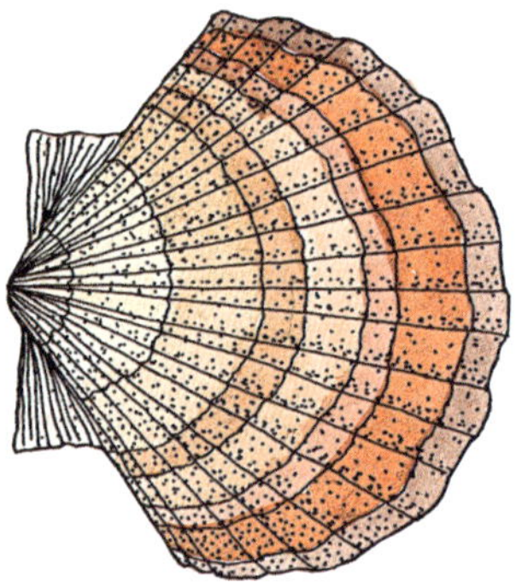

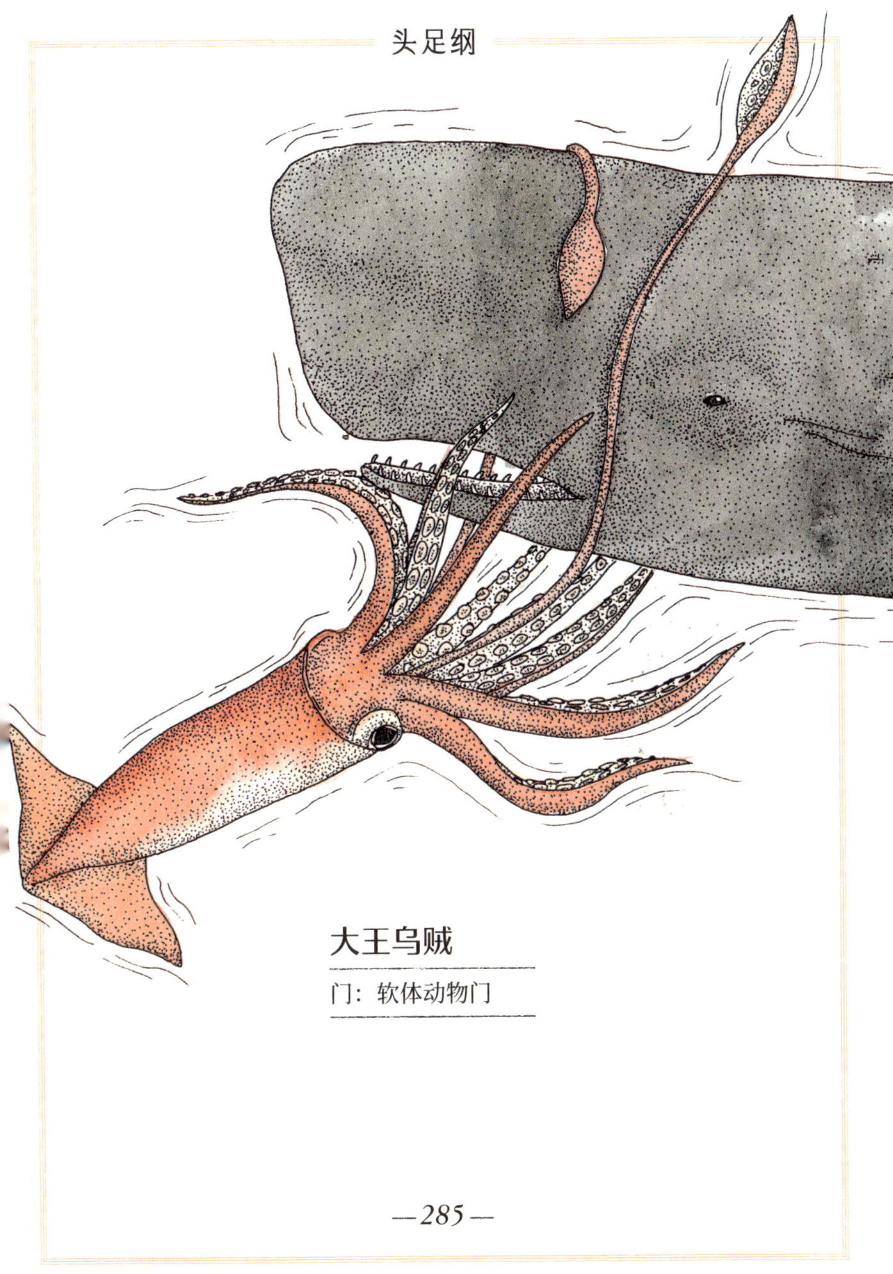

大王乌贼

门：软体动物门

真 蛸

门：软体动物门

普通乌贼

门：软体动物门

鹦鹉螺

门：软体动物门

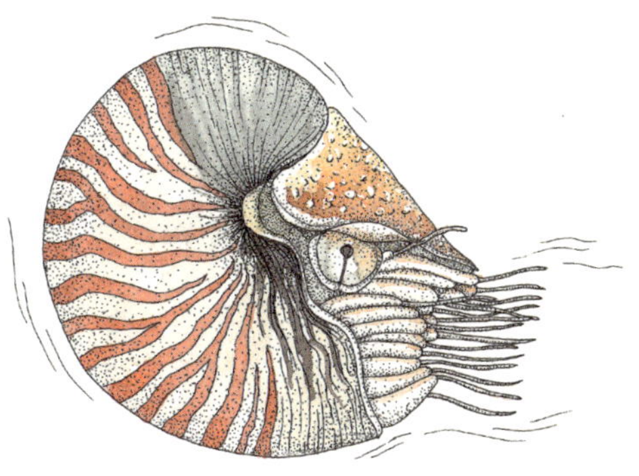

环带骨螺

门：软体动物门

宝 贝

门：软体动物门

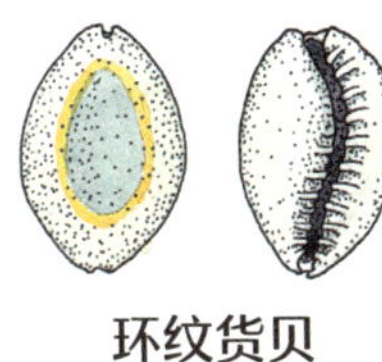

环纹货贝

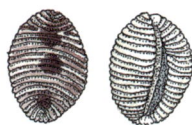

甲虫蛹螺

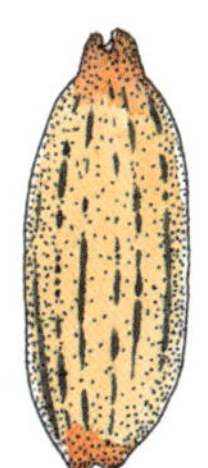

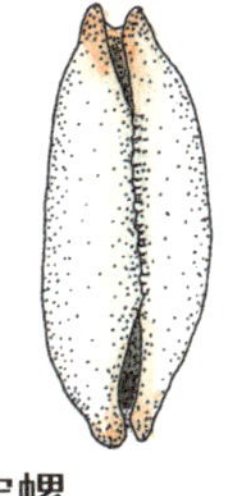

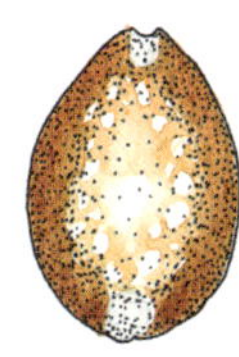

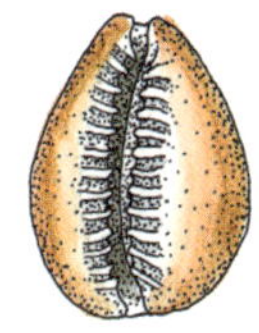

雨丝宝螺

雪山宝螺

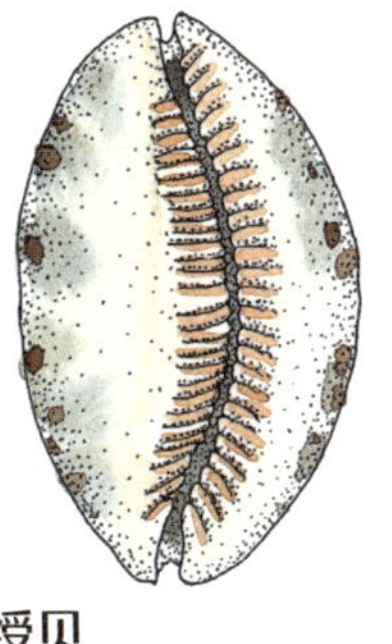

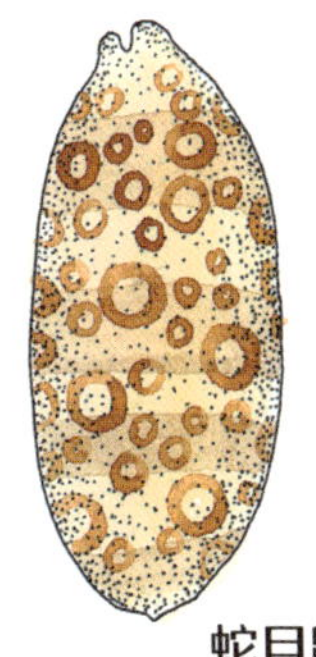

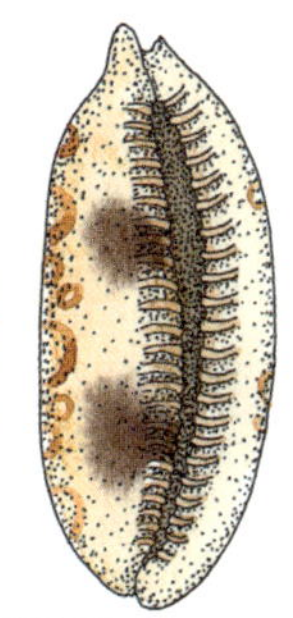

阿文绶贝

蛇目鼹贝

欧洲玉黍螺

门：软体动物门

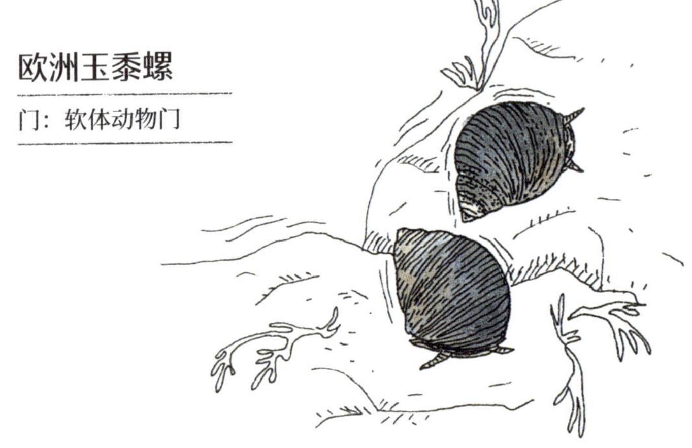

欧洲蛾螺

门：软体动物门

蛞蝓

涵盖很多物种

门：软体动物门

蜗牛

涵盖很多物种

门：软体动物门

盖罩大蜗牛

门：软体动物门

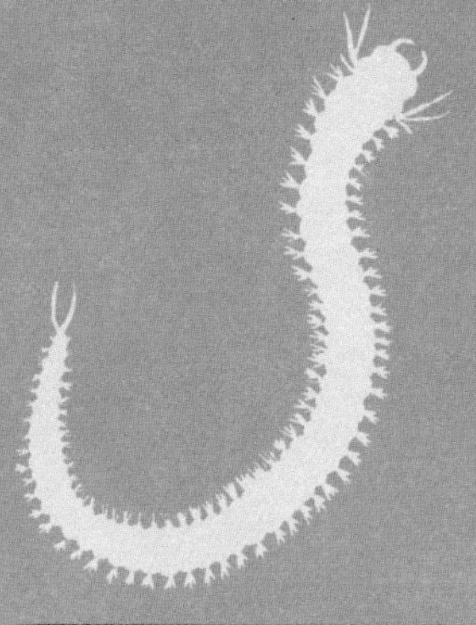

环节动物

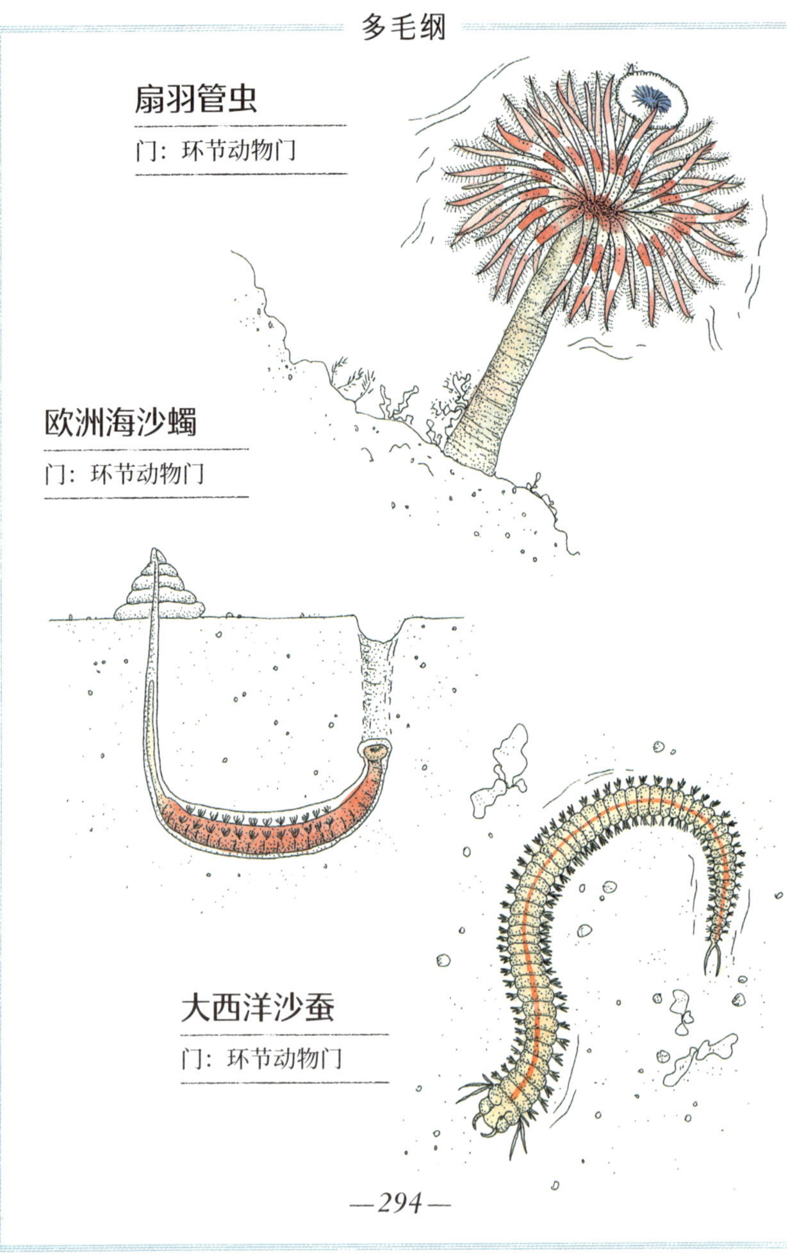

扇羽管虫

门：环节动物门

欧洲海沙蠋

门：环节动物门

大西洋沙蚕

门：环节动物门

棘皮动物

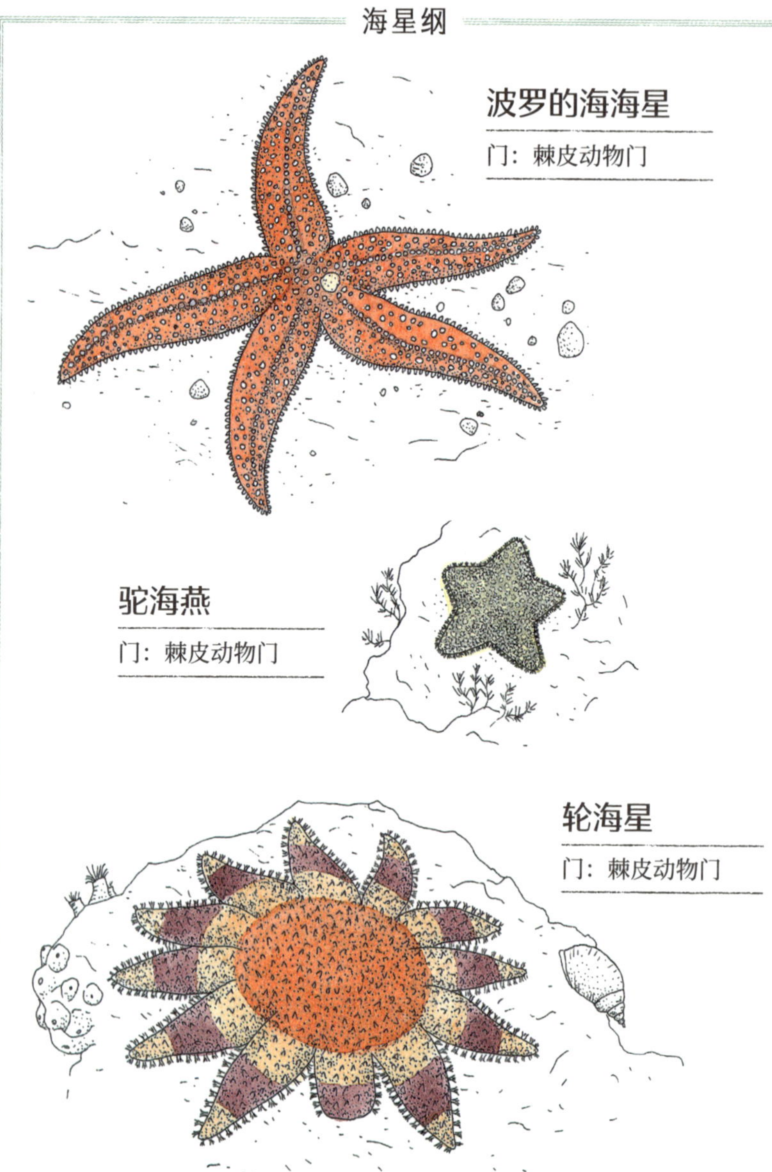
波罗的海海星
门：棘皮动物门
驼海燕
门：棘皮动物门
轮海星
门：棘皮动物门

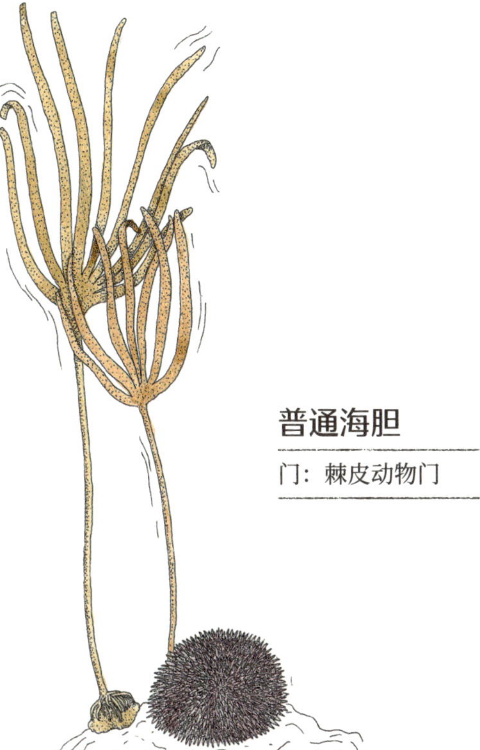

普通海胆

门：棘皮动物门

白斑海参

门：棘皮动物门

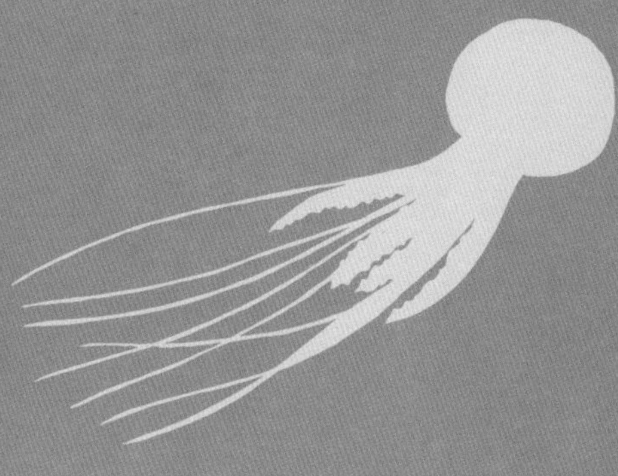

刺胞动物

橙柳珊瑚

门：刺胞动物门

海 鳃

门：刺胞动物门

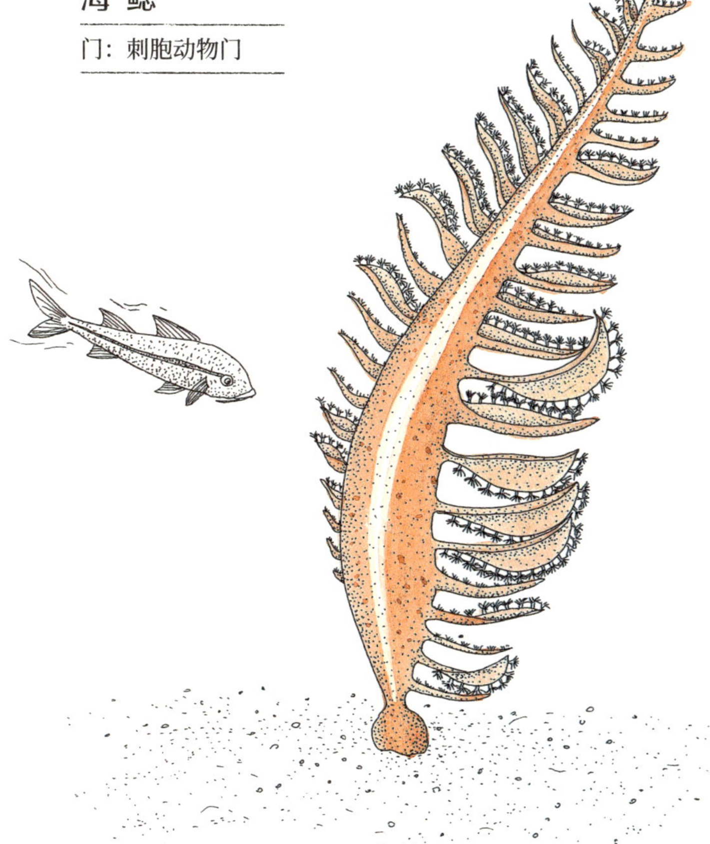

迷宫脑珊瑚

门：刺胞动物门

夜光游水母

门：刺胞动物门

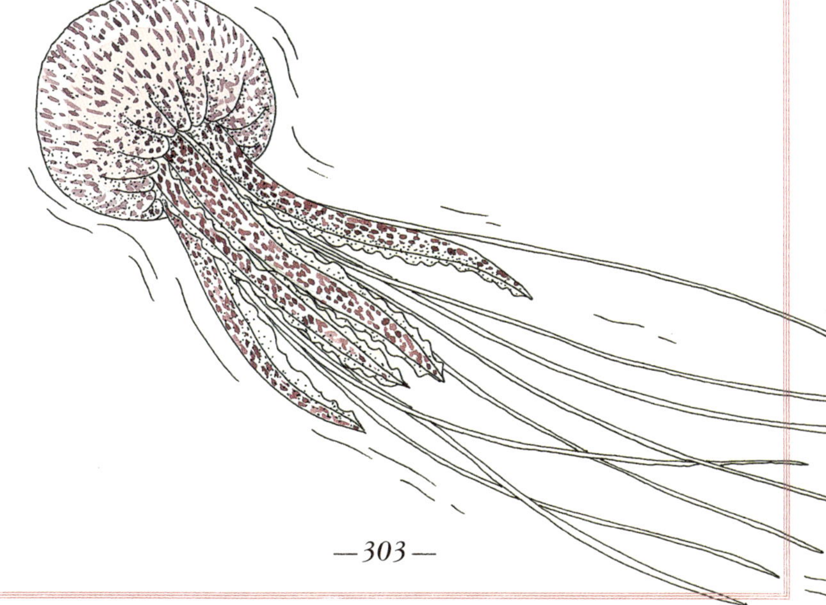

公主海葵

门：刺胞动物门

海绵动物

普通海绵

门：海绵动物门

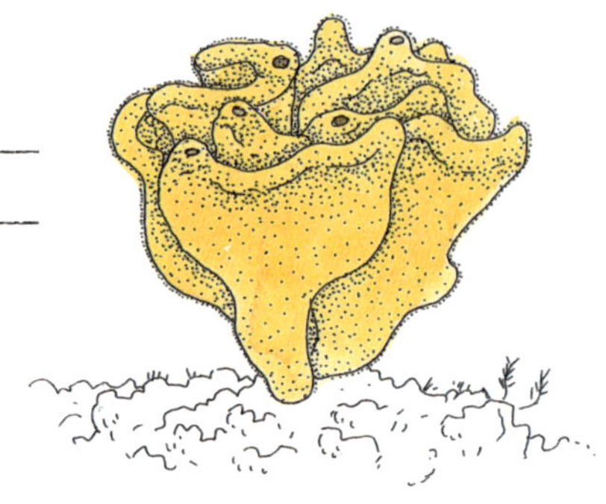

花瓶海绵

门：海绵动物门

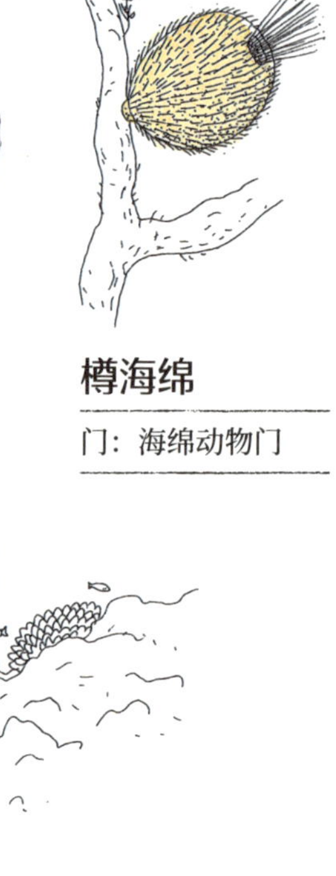

樽海绵

门：海绵动物门

面包屑软海绵

门：海绵动物门

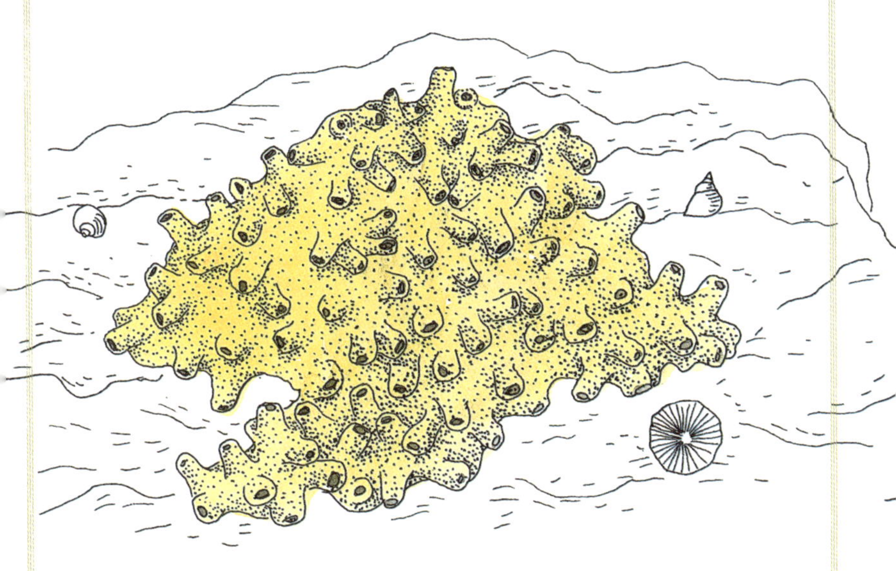

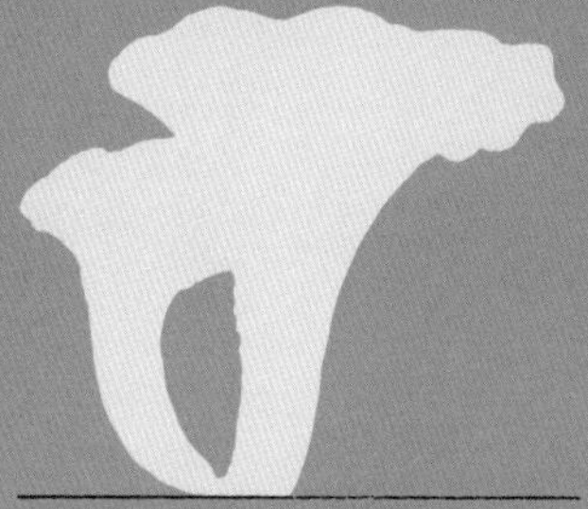

菌菇和地衣

喇叭菌

门：担子菌门

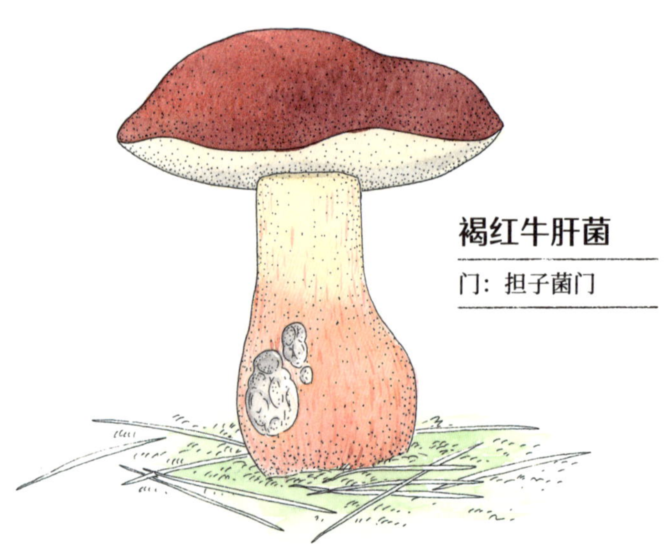

褐红牛肝菌

门：担子菌门

高大环柄菇

门：担子菌门

黑木耳

门：担子菌门

金针菇

门：担子菌门

鸡油菌

门：担子菌门

四孢蘑菇

门：担子菌门

褐绒盖牛肝菌

门：担子菌门

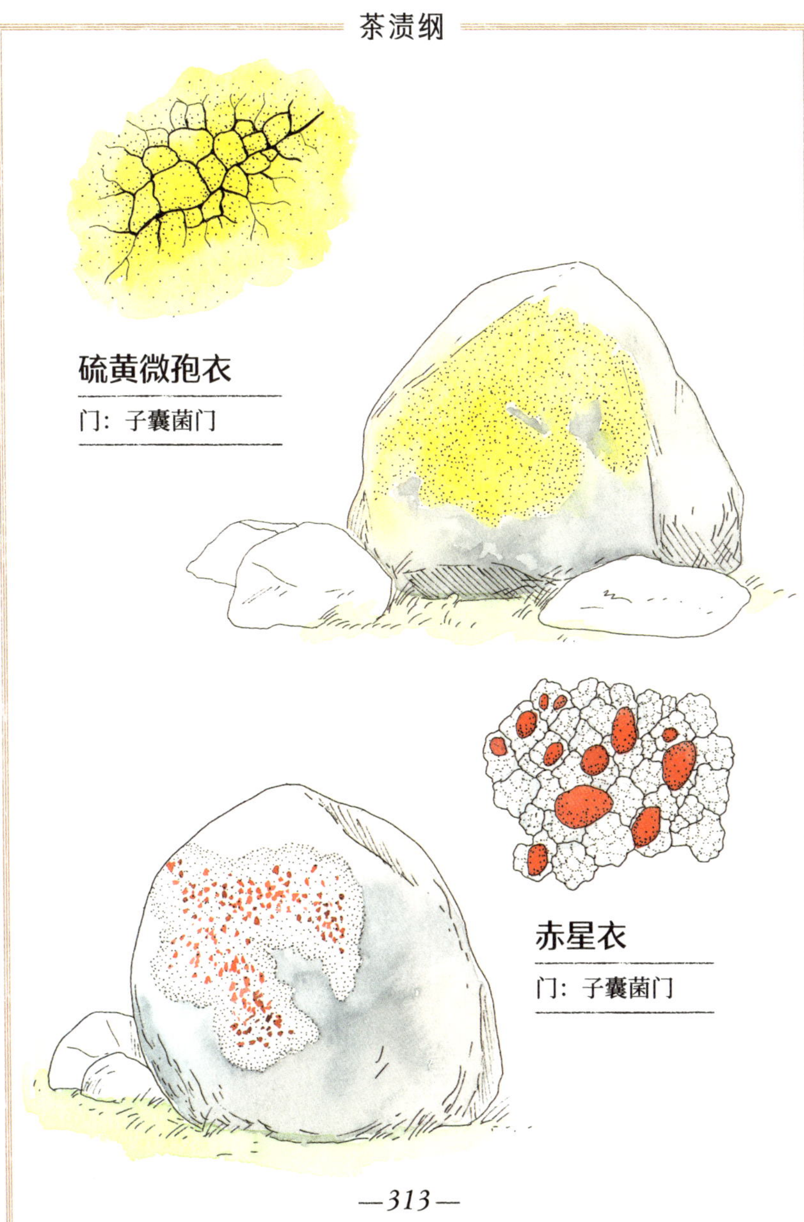

硫黄微孢衣

门：子囊菌门

赤星衣

门：子囊菌门

阔叶树和针叶树

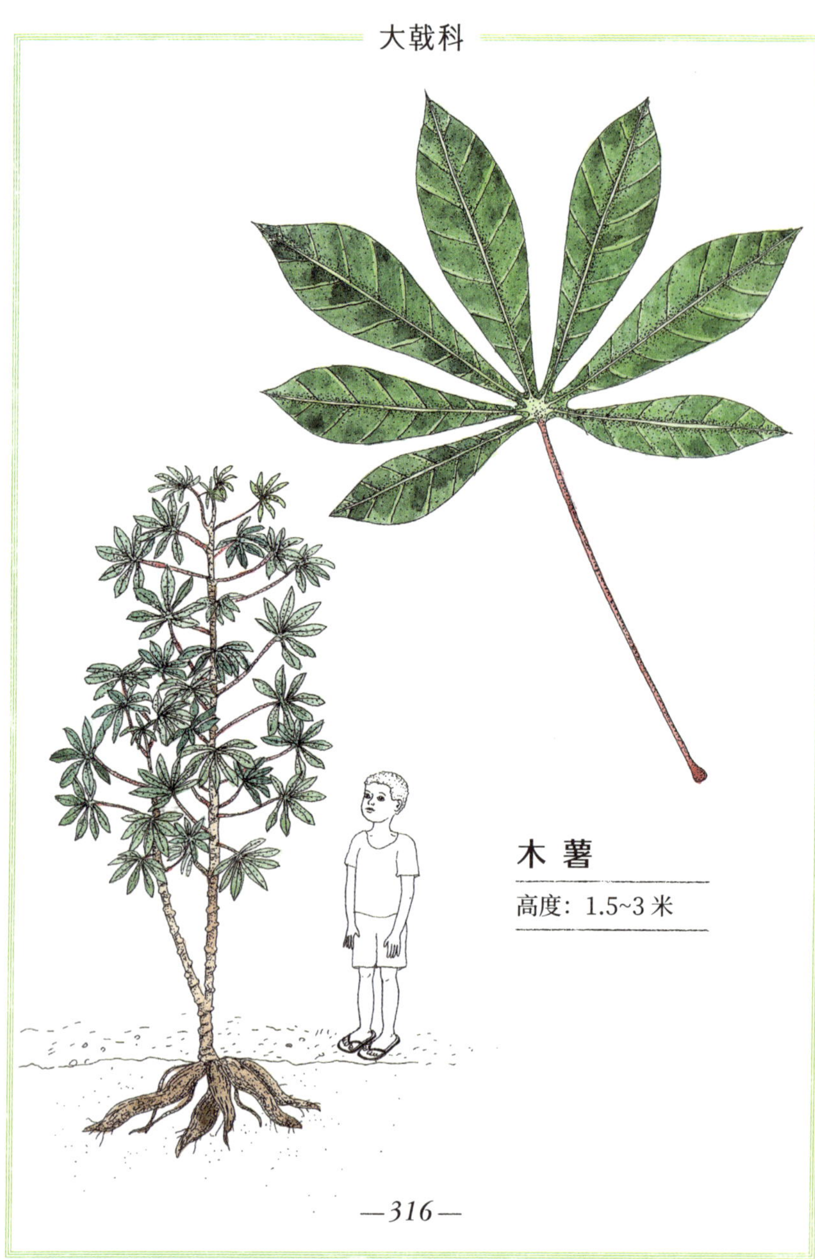

木 薯

高度：1.5~3 米

美洲红树

高度：10~40 米

寿命：120 年左右

北美红杉

高度：最高可达 115 米左右

寿命：2000 年左右

落羽杉

高度：欧洲的落羽杉高达 30 米，美国的落羽杉高达 50 米

寿命：600 年左右，有些甚至可达 1200 年

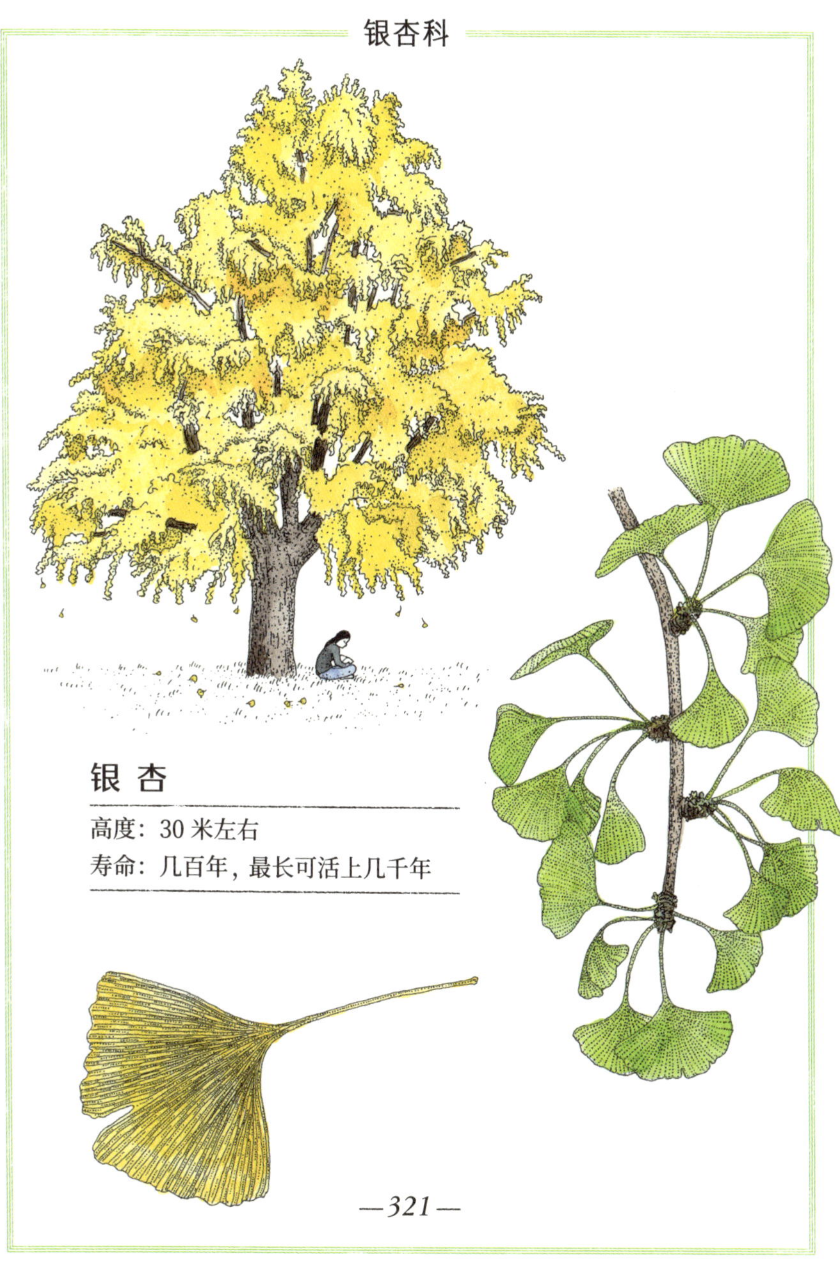

银 杏

高度：30 米左右

寿命：几百年，最长可活上几千年

意大利伞松

高度：15~25 米

寿命：50~150 年

欧洲云杉

高度：最高可达 60 米左右

寿命：700 年左右

欧洲落叶松

高度：最高可达 40 米左右
寿命：最高可达 600 年左右

欧洲银冷杉

高度：45~55 米

寿命：300 年左右

黎巴嫩雪松

高度：25~30 米

寿命：150 多年

大盆地刺果松

高度：6~12 米

寿命：最高可达 5000 年左右

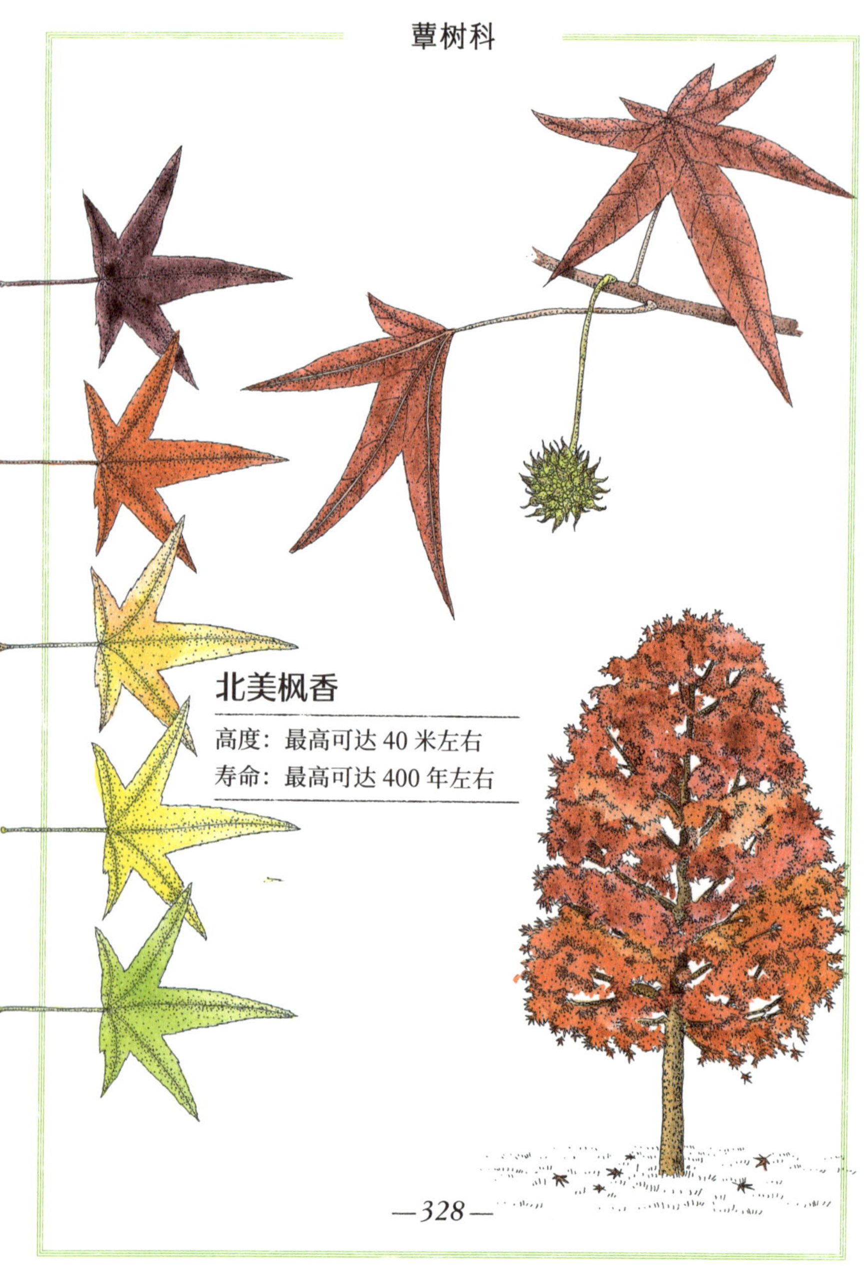

北美枫香

高度：最高可达 40 米左右

寿命：最高可达 400 年左右

鸡蛋花

高度：最高可达 8 米左右

寿命：100 多年

欧洲冬青

高度：20 米左右

寿命：300 年左右

欧 榛

高度：3~5 米

寿命：70~80 年

欧洲桤木

高度：最高可达 28 米左右
寿命：60 年左右

糙皮桦

高度：15~20 米

寿命：100 年左右

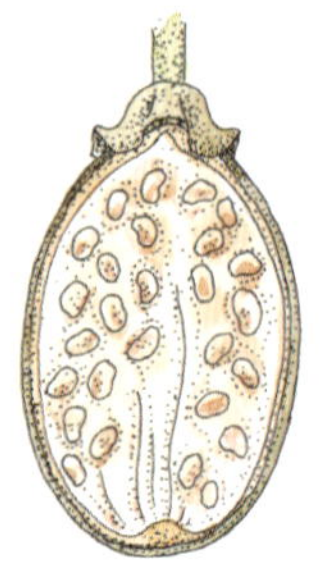

猴面包树

高度：10~15 米

寿命：5000 多年

橡胶树

高度：25~40 米

寿命：60 年左右

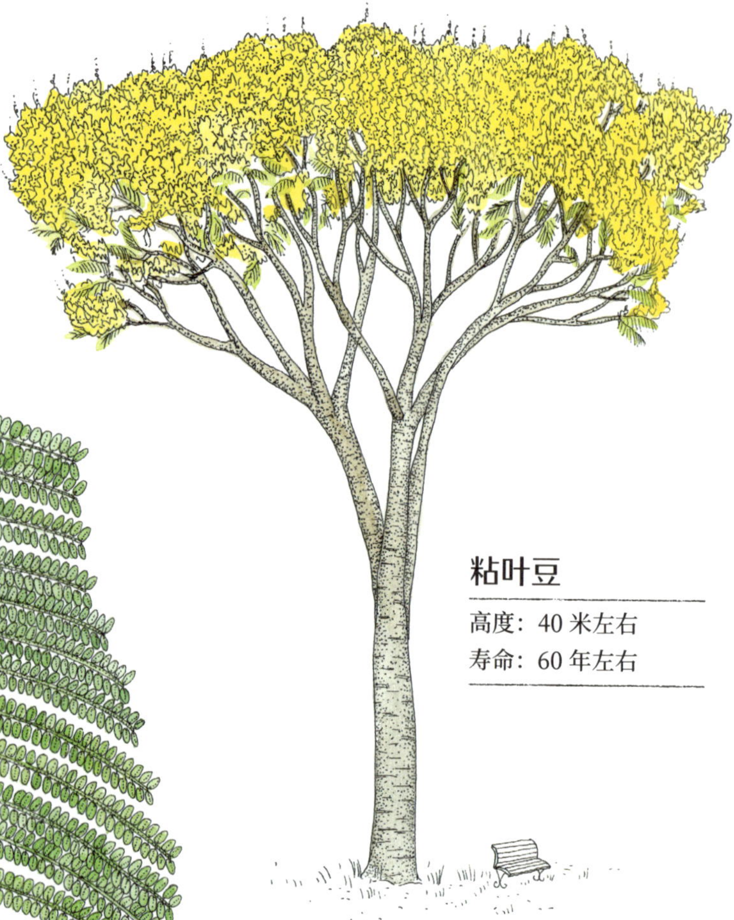

粘叶豆

高度：40 米左右
寿命：60 年左右

银 荆

高度：4~10 米

寿命：30 年左右

凤凰木

高度：20 米左右

寿命：60 年左右

雨树

高度：最高可达 40 米左右

寿命：400 年左右

南欧紫荆

高度：3~7 米

寿命：100 年左右

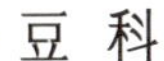

合欢

高度：3~15 米

寿命：10~20 年

欧洲栗

高度：30~35 米

寿命：最高可达 3000 年左右

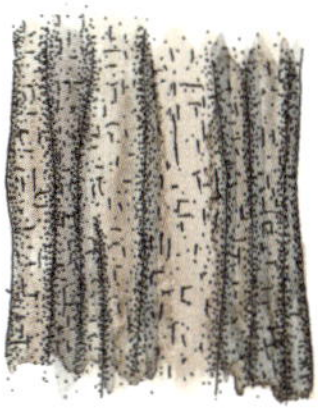

欧洲鹅耳枥

高度：最高可达 30 米左右

寿命：300 多年

夏栎

高度：15~18 米

寿命：75 年左右

欧洲山毛榉

高度：15~23 米

寿命：400 年左右（最高可达 900 年左右）

核桃树

高度：最高可达 30 米左右

寿命：300~400 年

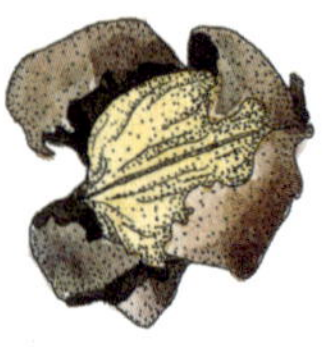

二球悬铃木

高度：20~30 米

寿命：400 年左右

广玉兰

高度：18~25 米

寿命：100 年左右

北美鹅掌楸

高度：最高可达 45 米左右

寿命：200~400 年

榴 梿

高度：30 米左右

寿命：150 年左右

欧洲小叶椴

高度：18~25 米

寿命：1000 多年

波罗蜜

高度：9~21 米

寿命：最高可达 70 年左右

白桑

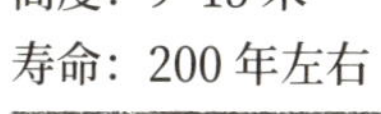

高度：9~15 米

寿命：200 年左右

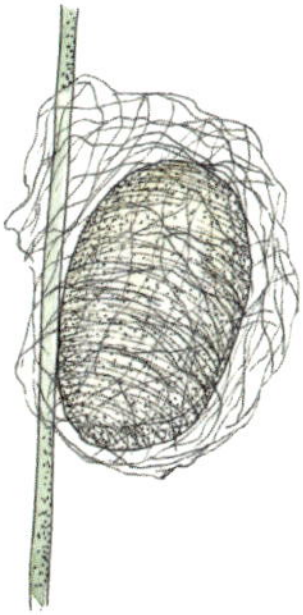

莲叶榕

高度：从生长点向上 15 米左右

寿命：很长（尚无确切时间）

无花果

高度：5~10 米

寿命：200 年左右

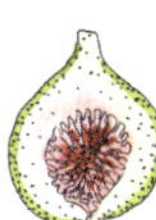

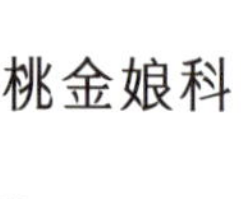

蓝 桉

高度：45~55 米

寿命：200 多年

欧丁香

高度：4.5 米左右

寿命：50 年左右

木樨榄

高度：最高可达 15 米左右

寿命：最高可达 1500 年左右

欧洲白蜡树

高度：最高可达 40 米左右

寿命：400 年左右

树商陆

高度：12~18 米

寿命：200 多年

扁 桃

高度：3.5~8 米

寿命：20~25 年

“梅尔罗斯”苹果树

高度：最高可达 7.5 米左右

寿命：100 年左右

欧亚花楸

高度：15 米左右

寿命：最高可达 200 年左右

橙子树

高度：10 米左右

寿命：50~150 年

金丝柳

高度：15~20 米

寿命：最高可达 50 年左右

银白杨

高度：15~23 米

寿命：25~50 年

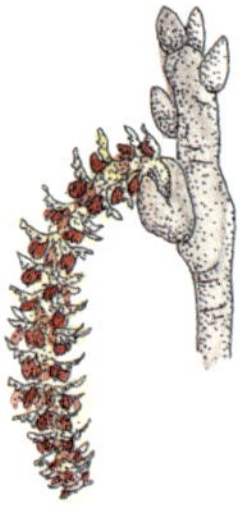

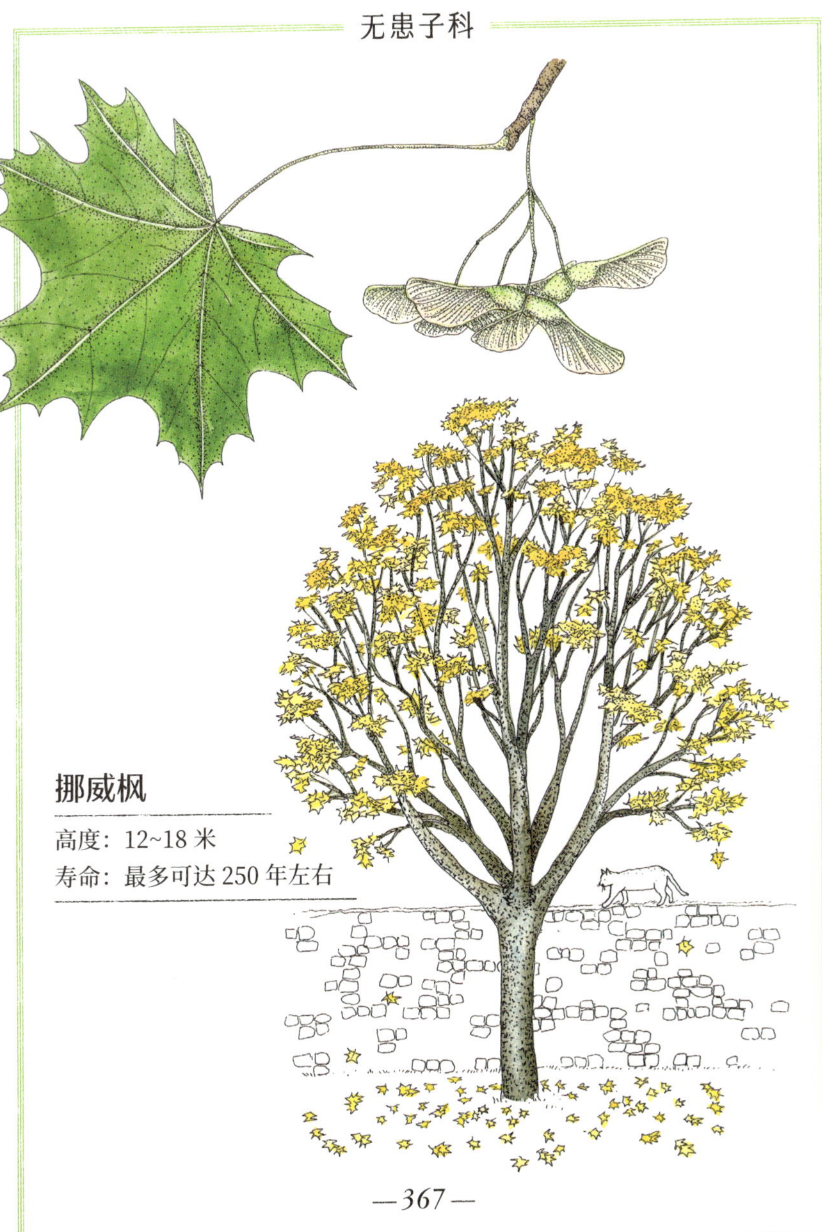

挪威枫

高度：12~18 米

寿命：最多可达 250 年左右

红花槭

高度：12~18 米

寿命：最高可达 300 年左右

欧洲七叶树

高度：15~23 米

寿命：75 年左右

大叶醉鱼草

高度：最高可达 4.5 米左右

寿命：40 年左右

棕榈树

油 棕

高度：4~10 米

寿命：长到 25 年时就会被砍倒，否则长得太高再来摘取果实就不方便了

旅人蕉

高度：9~15 米

寿命：15 年左右

皇家酒椰

高度：20 多米

椰子树

高度：25 米左右

寿命：最高可达 100 年左右

海椰子

高度：可高达 34 米

苔藓和藻类

掌状片叶苔

变形小曲尾藓

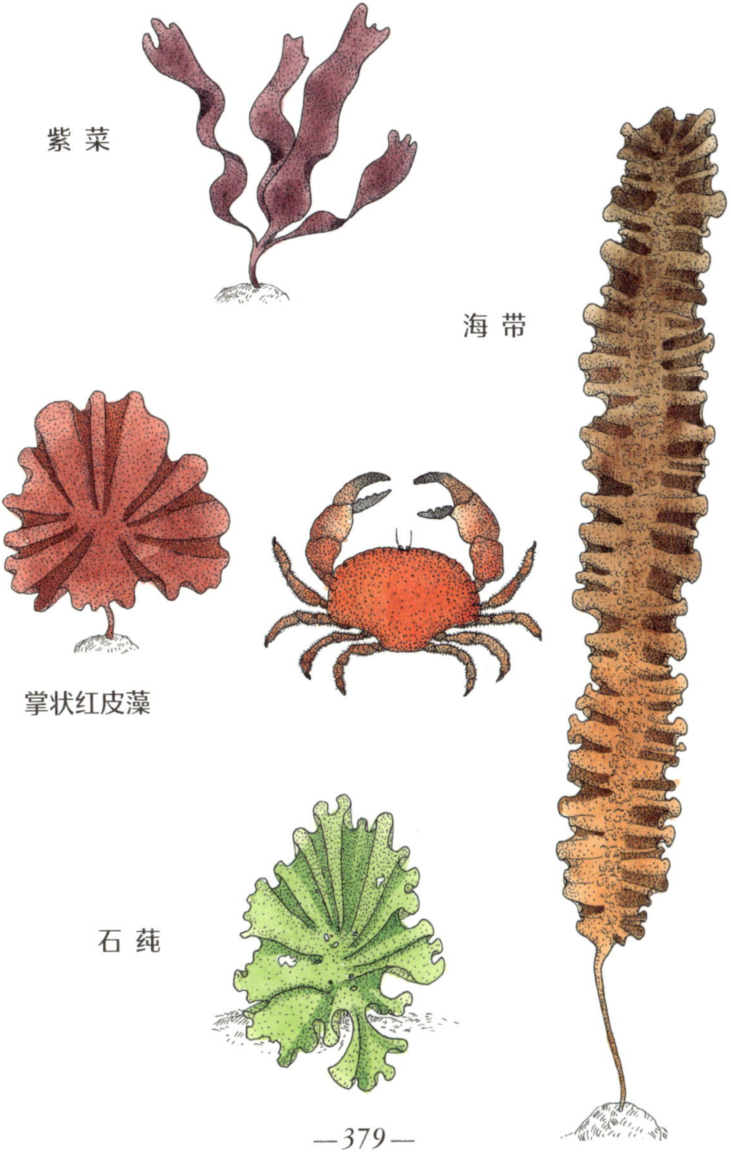

紫 菜

海 带

掌状红皮藻

石 莼

花

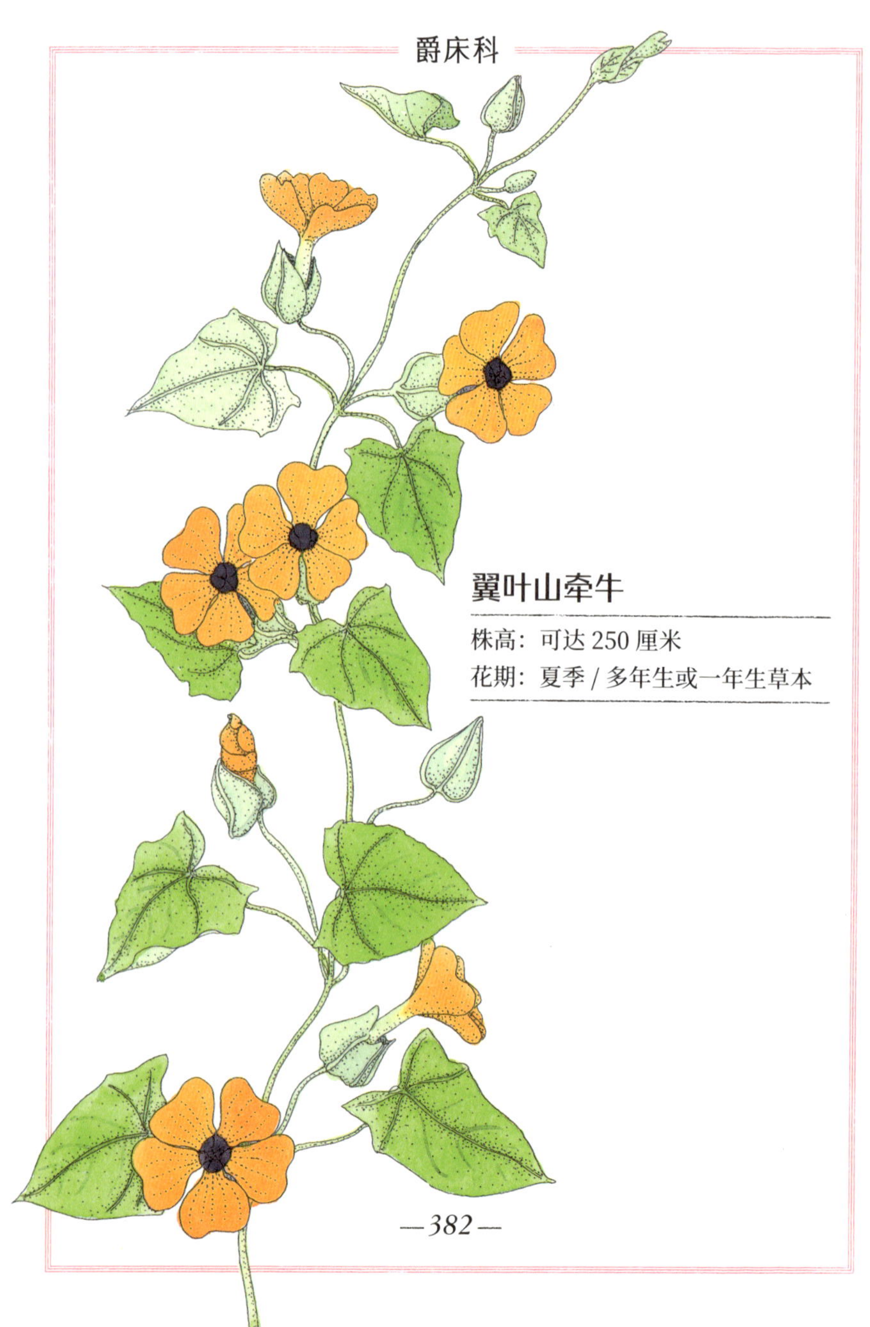

翼叶山牵牛

株高：可达 250 厘米

花期：夏季 / 多年生或一年生草本

喇叭水仙

株高：可达 40 厘米

花期：3 月至 4 月 / 多年生草本

红口水仙

株高：可达 60 厘米

花期：4 月至 6 月 / 多年生草本

雪滴花

株高：可达 30 厘米

花期：2 月至 3 月 / 多年生草本

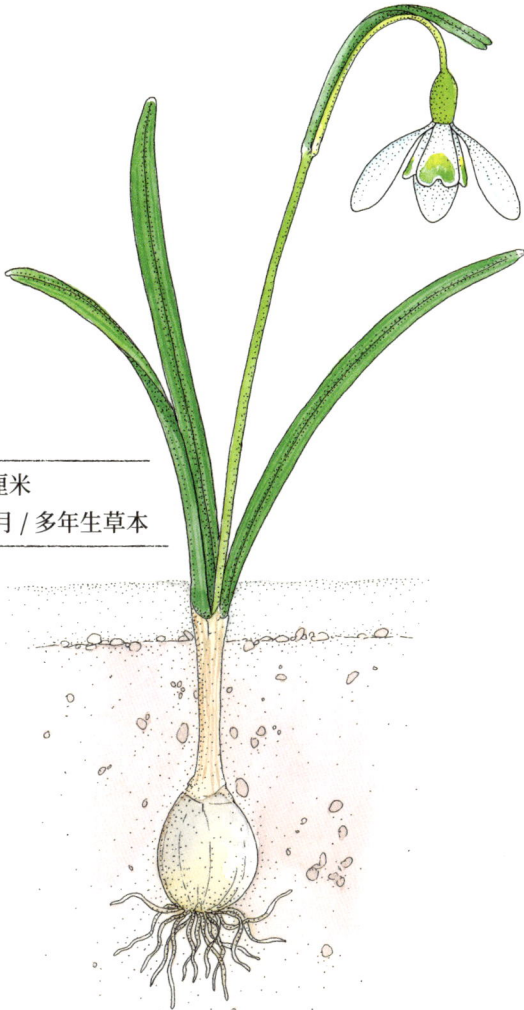

巨魔芋

株高：可达 310 厘米

花期：雨季内，每 10 年开花 1 次或 2 次 / 多年生草本

深蓝串铃花

株高：可达 30 厘米

花期：4 月至 5 月 / 多年生草本

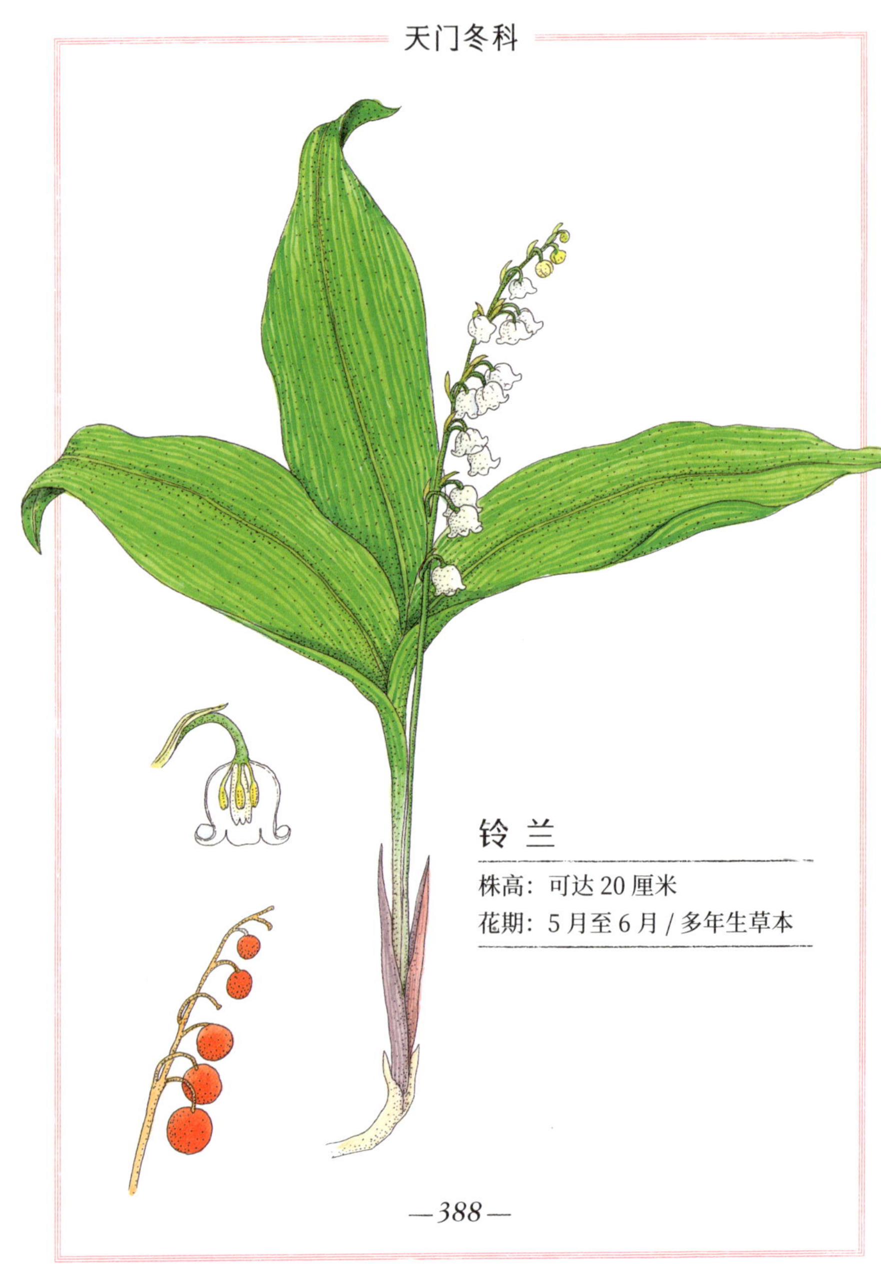

铃 兰

株高：可达 20 厘米

花期：5 月至 6 月 / 多年生草本

风信子

株高：可达 30 厘米

花期：室外为 3 月至 4 月 / 多年生草本

蒲公英

株高：可达 40 厘米

花期：4 月至 9 月 / 多年生草本

向日葵

株高：约 100 厘米至 300 厘米

花期：7 月至 9 月 / 一年生草本

碱菀

株高：可达 60 厘米

花期：7 月至 9 月 / 一年生草本

蓝花矢车菊

株高：可达 70 厘米

花期：6 月至 10 月 / 一年生或二年生草本

丝毛飞廉

株高：可达 100 厘米

花期：7 月至 9 月 / 二年生或多年生草本

水飞蓟

株高：可达 200 厘米

花期：5 月至 7 月 / 一年生或二年生草本

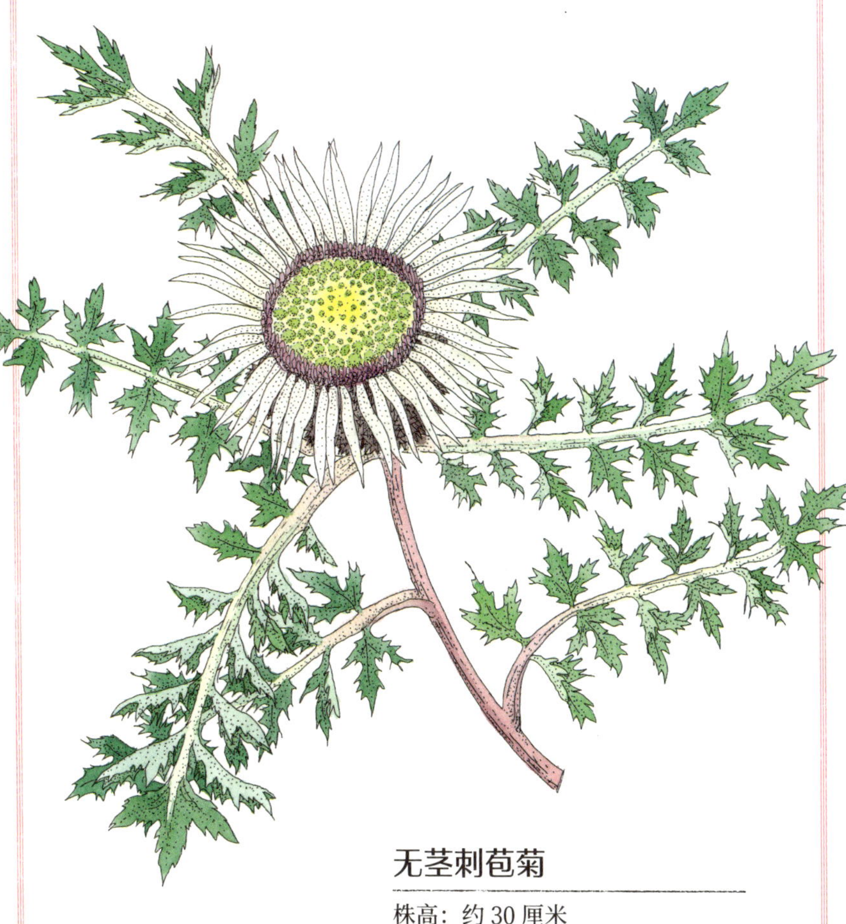

无茎刺苞菊

株高：约 30 厘米

花期：7 月至 9 月 / 多年生草本

“仙人掌”型大丽花

株高：可达 150 厘米

花期：6 月至 12 月 / 多年生草本

百日菊

株高：可达 70 厘米

花期：6 月至 9 月 / 一年生草本

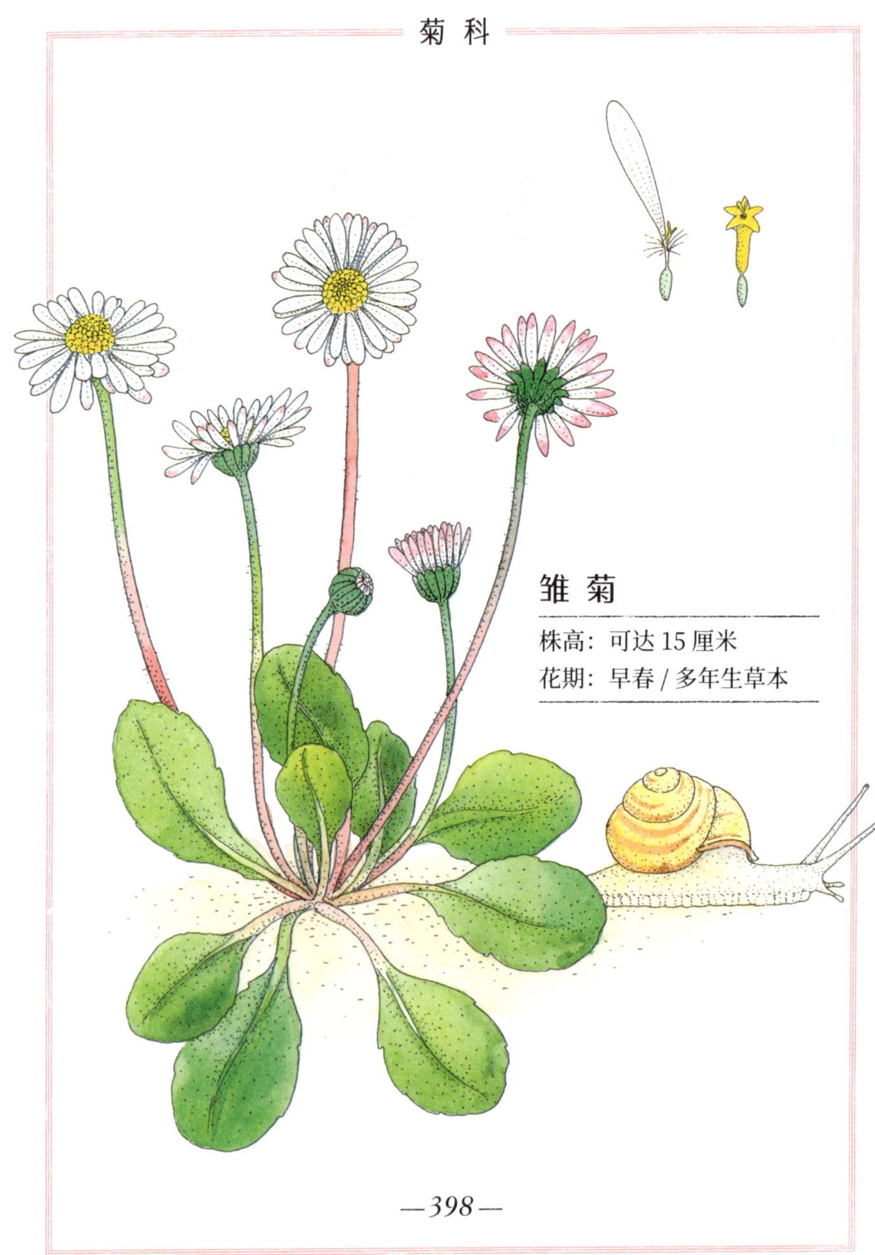

雏菊

株高：可达 15 厘米

花期：早春 / 多年生草本

高山火绒草

株高：可达 30 厘米

花期：7 月至 8 月 / 多年生草本

滨 菊

株高：可达 80 厘米

花期：5 月至 8 月 / 多年生草本

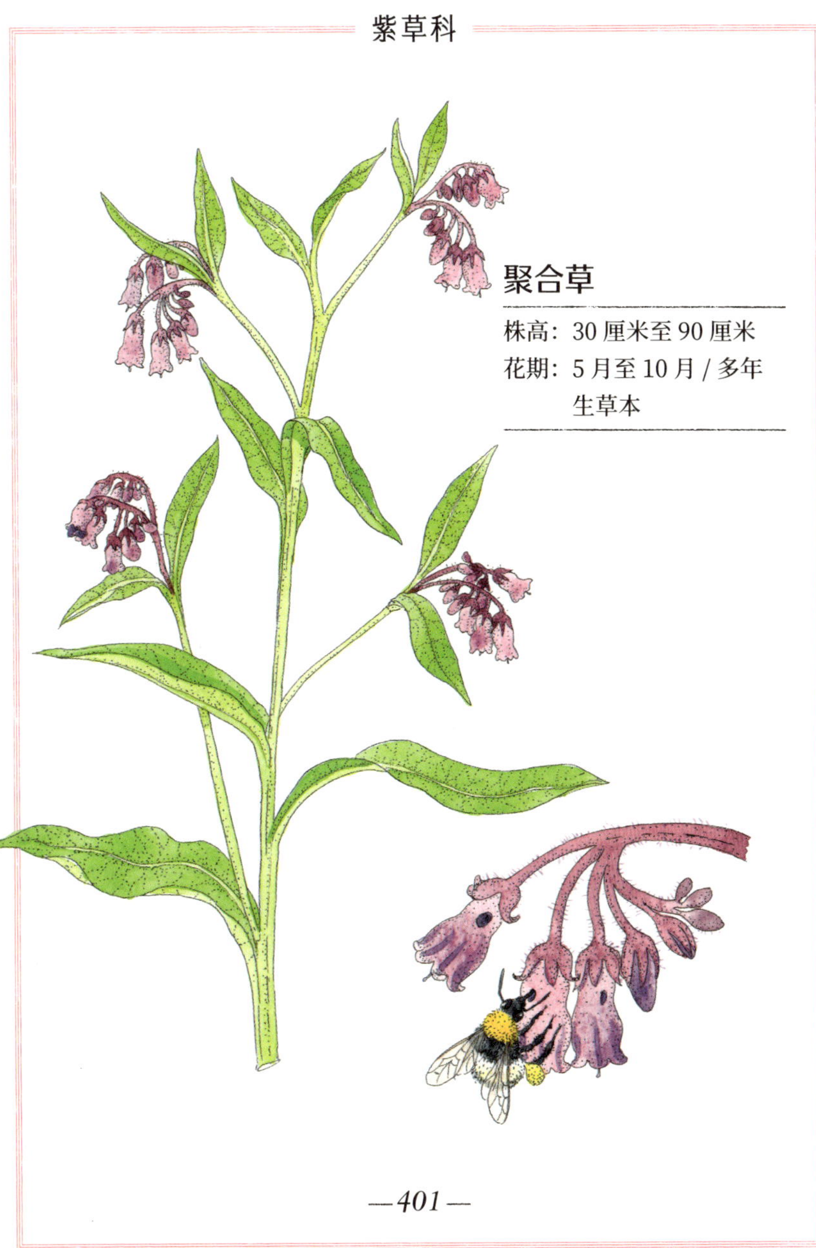

聚合草

株高：30 厘米至 90 厘米

花期：5 月至 10 月 / 多年生草本

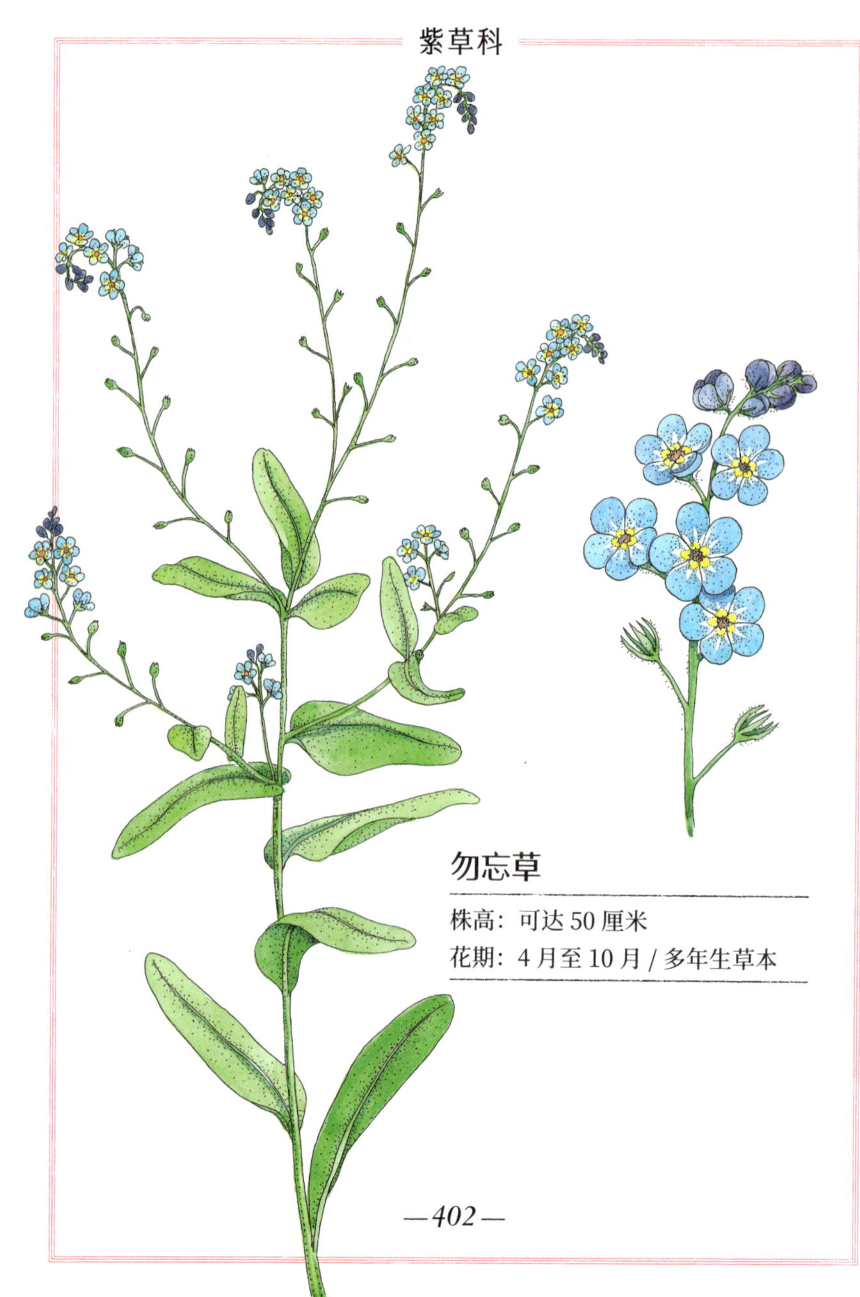

勿忘草

株高：可达 50 厘米

花期：4 月至 10 月 / 多年生草本

西洋石竹

株高：可达 40 厘米

花期：6 月至 9 月 / 多年生草本

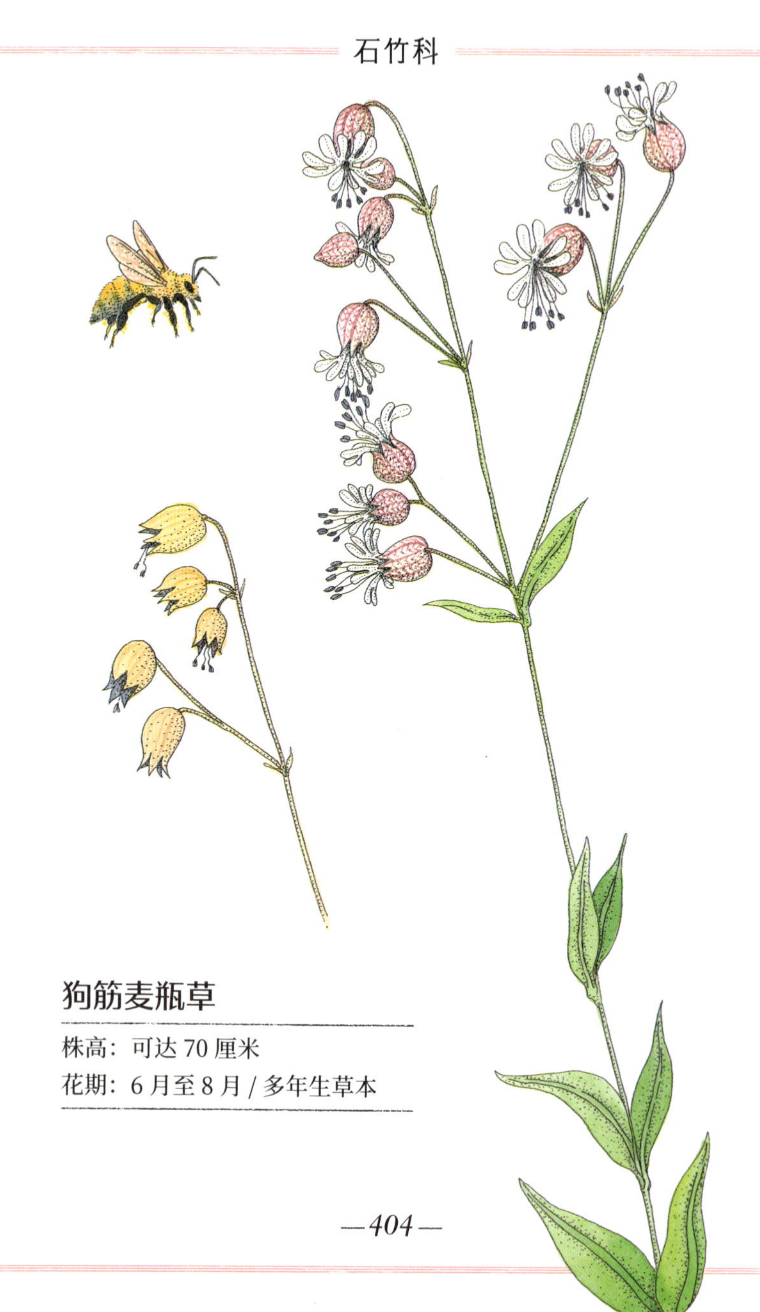

狗筋麦瓶草

株高：可达 70 厘米

花期：6 月至 8 月 / 多年生草本

缕丝花

株高：可达 45 厘米

花期：5 月至 6 月 / 一年生草本

秋水仙

株高：可达 40 厘米

花期：8 月至 11 月初 / 多年生草本

田旋花

株高：如果搭上支架，它可攀缘至 200 厘米高

花期：6 月至 8 月 / 多年生草本

捕蝇草

株高：可达 12 厘米

花期：5 月至 6 月 / 多年生草本

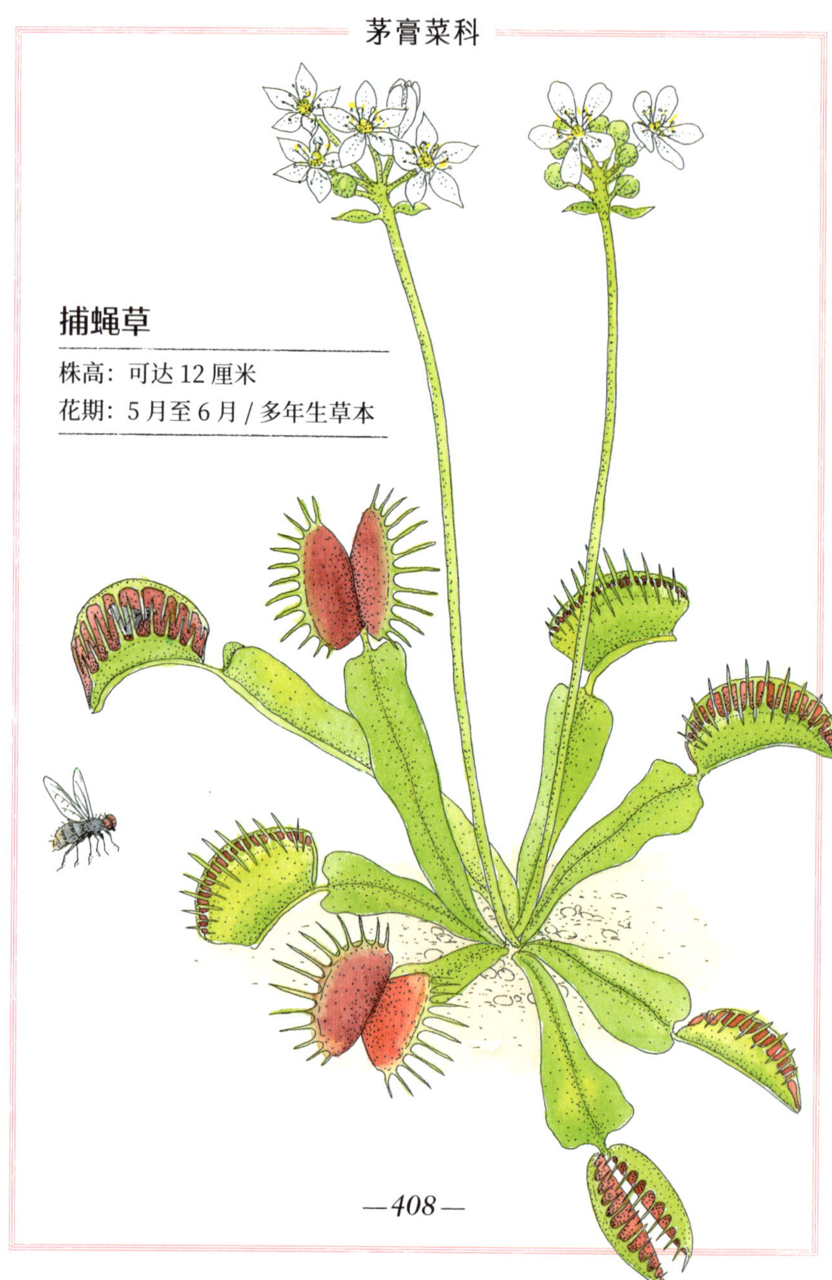

红车轴草

株高：可达 40 厘米

花期：6 月至 9 月 / 多年生草本

黄龙胆

株高：可达 140 厘米

花期：6 月至 8 月 / 多年生草本

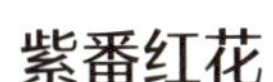

紫番红花

株高：可达 15 厘米

花期：2 月至 5 月 / 多年生草本

番红花

株高：可达 12 厘米

花期：秋季 / 多年生草本

唐菖蒲

株高：可达 150 厘米

花期：7 月至 9 月 / 多年生草本

鸢 尾

株高：可达 90 厘米

花期：夏初 / 多年生草本

薰衣草

株高：可达 50 厘米

花期：6 月至 7 月 / 多年生草本

亚洲百里香

株高：可达 10 厘米

花期：6 月至 9 月 / 多年生草本

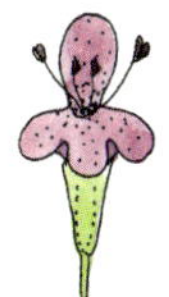

高山捕虫堇

株高：可达 20 厘米

花期：5 月至 7 月 / 多年生草本

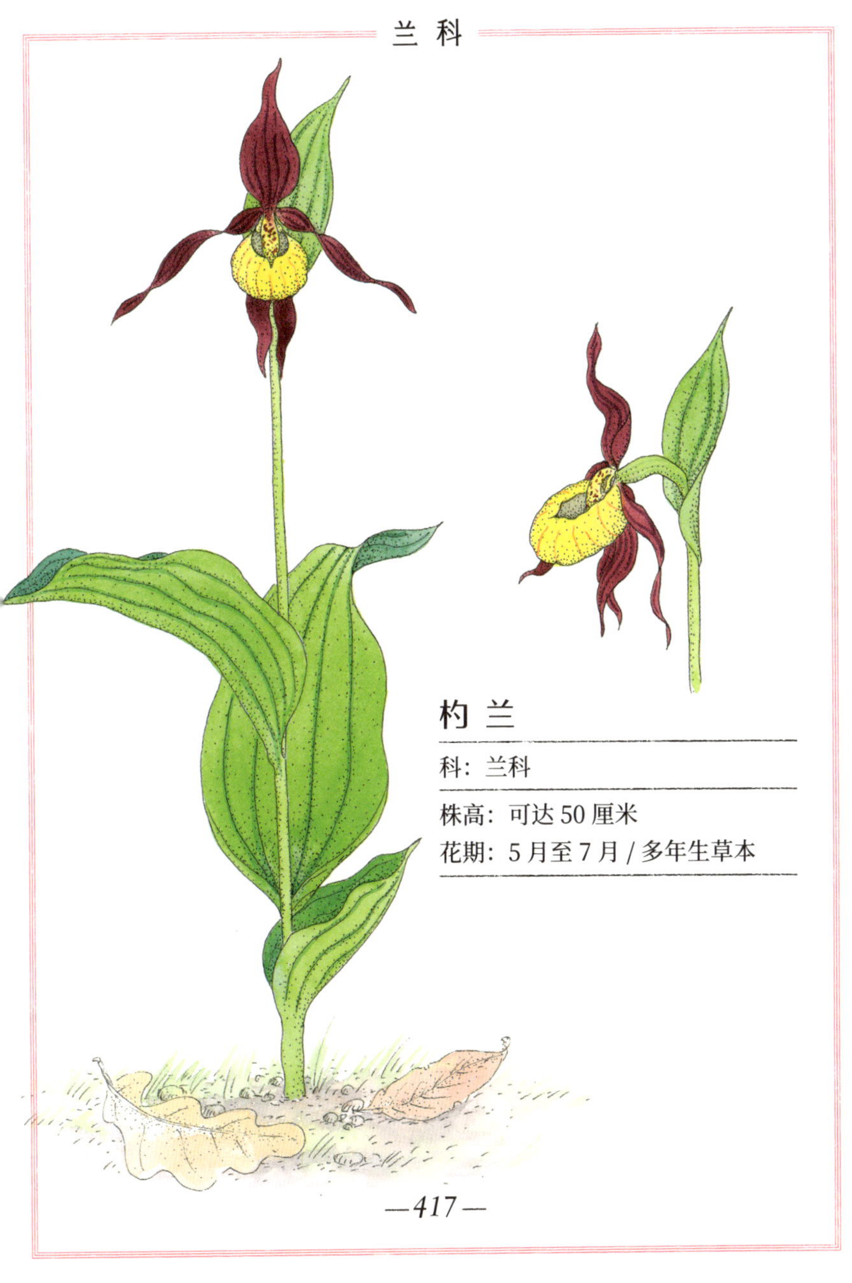

杓 兰

科：兰科

株高：可达 50 厘米

花期：5 月至 7 月 / 多年生草本

柠檬色百合

株高：可达 200 厘米

花期：7 月至 8 月 / 多年生草本

花格贝母

株高：可达 40 厘米

花期：4 月至 5 月 / 多年生草本

郁金香

株高：20 厘米至 60 厘米，因种类而异

花期：2 月至 6 月，因种类而异 / 多年生草本

欧锦葵

株高：可达 100 厘米

花期：6 月至 10 月 / 多年生草本

蜀 葵

株高：可达 250 厘米

花期：6 月至 9 月 / 二年生草本

蓝睡莲

株高：可达 50 厘米

花期：夏初 / 多年生水生草本

白睡莲

株高：可达 200 厘米

花期：6 月至 8 月 / 多年生水生草本

香堇菜

株高：可达 10 厘米

花期：4 月至 5 月 / 多年生草本

三色堇

株高：可达 30 厘米

花期：4 月至 7 月 / 多年生草本

芍 药

株高：可达 70 厘米

花期：5 月至 6 月 / 多年生草本

两栖蓼

株高：水生茎漂浮，陆生茎可达 60 厘米

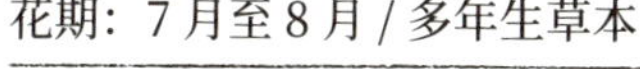

花期：7 月至 8 月 / 多年生草本

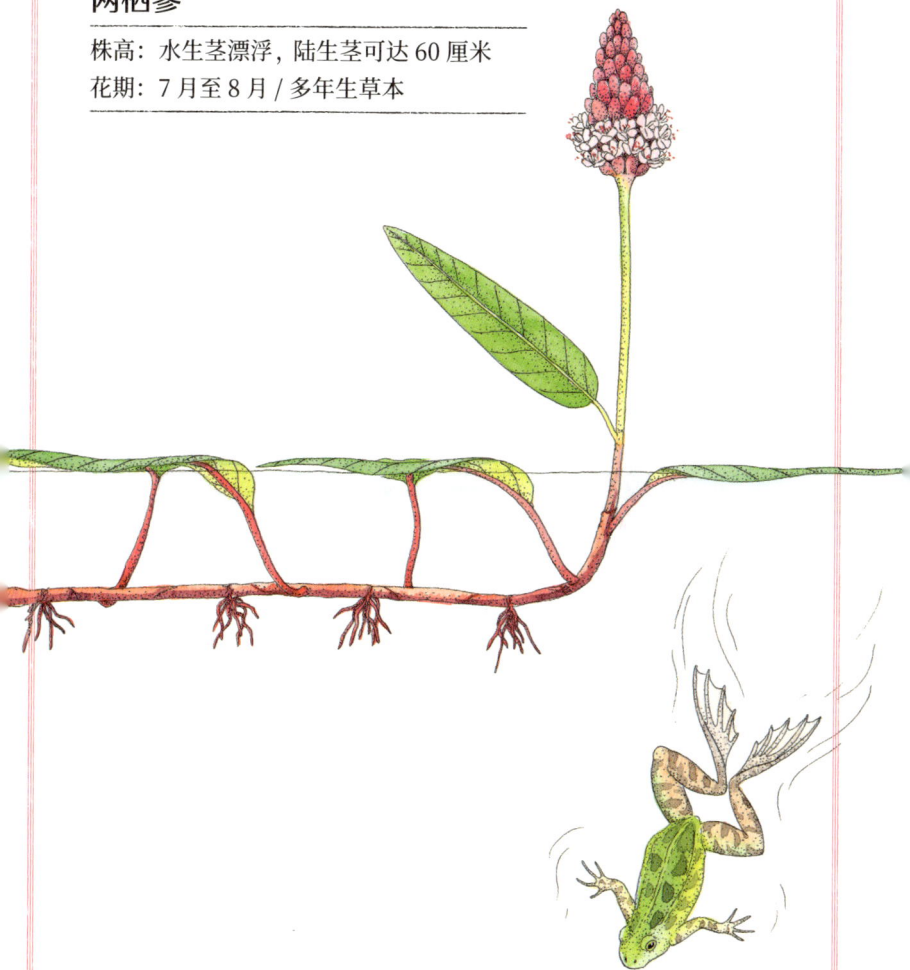

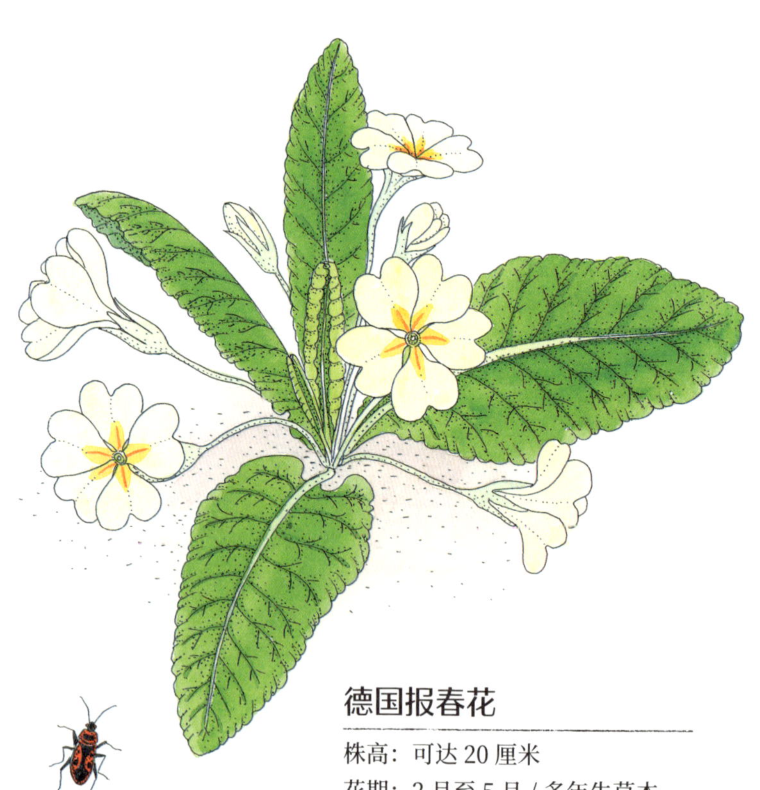

德国报春花

株高：可达 20 厘米

花期：2 月至 5 月 / 多年生草本

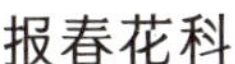

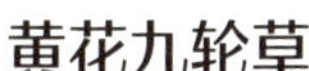

黄花九轮草

株高：可达 30 厘米

花期：4 月至 6 月 / 多年生草本

高山雪铃花

株高：15~40 厘米

花期：4 月至 5 月

阿诺德大王花

直径：可达 100 厘米

花期：5 月至 10 月 / 多年生草本

草甸毛茛

株高：可达 30 厘米

花期：5 月至 9 月 / 多年生草本

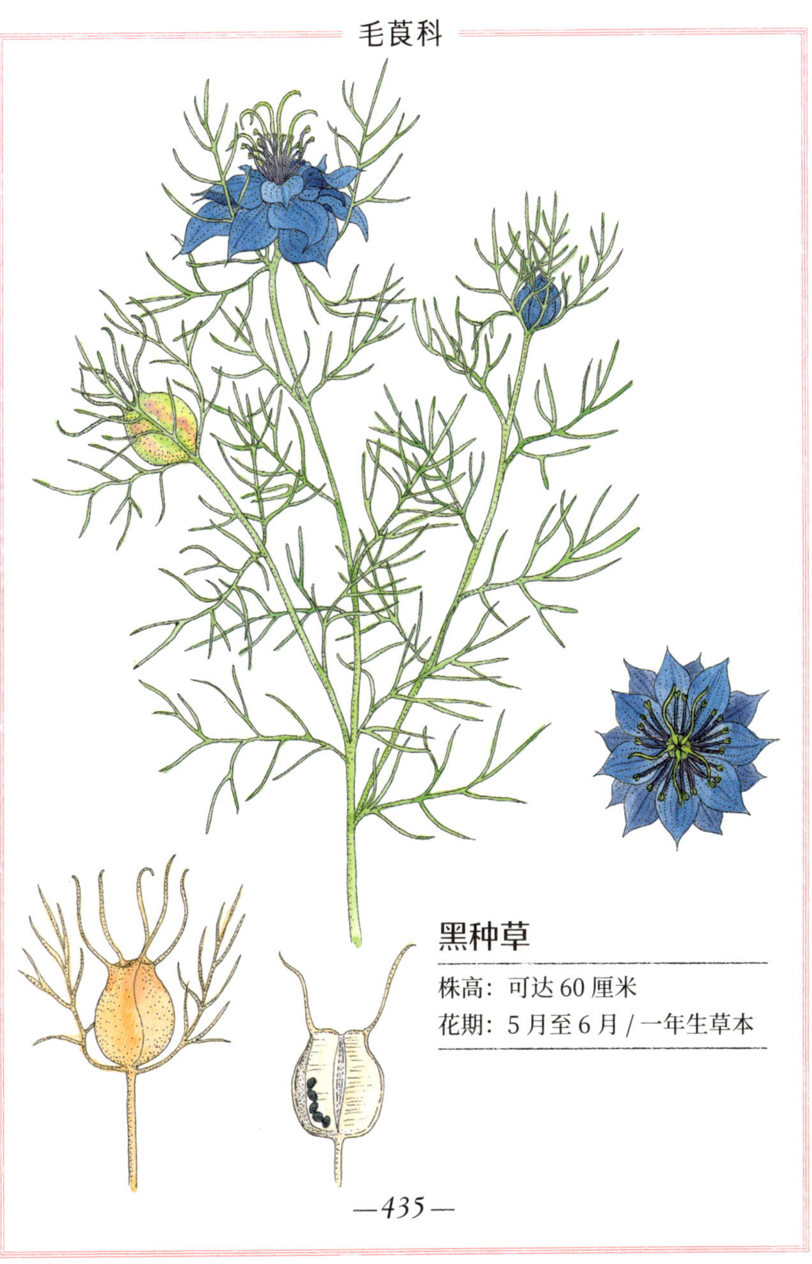

黑种草

株高：可达 60 厘米

花期：5 月至 6 月 / 一年生草本

欧洲银莲花

株高：可达 40 厘米

花期：2 月至 4 月 / 一年生草本

长叶水毛茛

株高：可达 600 厘米

花期：6 月至 8 月 / 多年生沉水草本

蔷薇科
玫 瑰
株高：可达 200 厘米
花期：5 月至 6 月 / 多年生草本

大马士革玫瑰

株高：可达 150 厘米

花期：6 月至 7 月 / 多年生草本

白 鲜

株高：可达 160 厘米

花期：5 月至 6 月 / 多年生草本

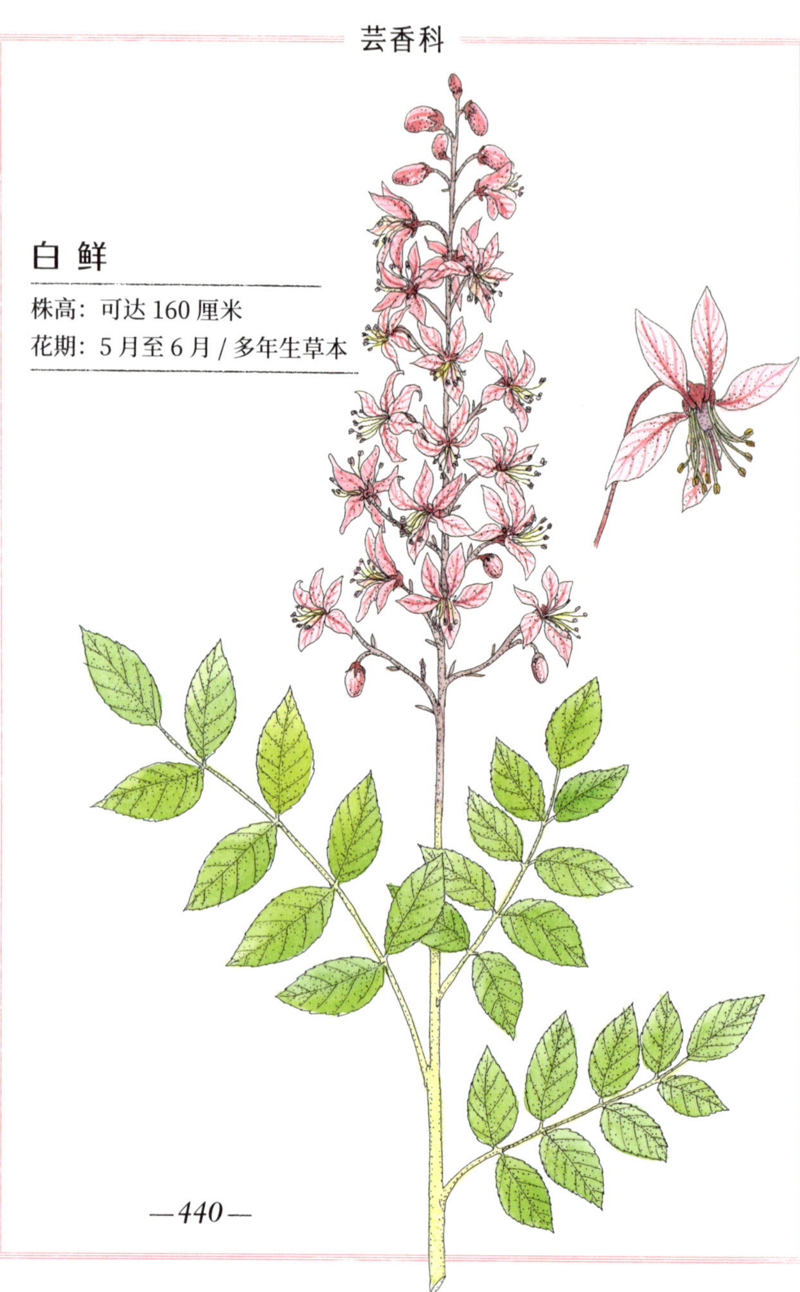

鹤望兰

株高：可达 200 厘米

花期：初冬与初夏 / 多年生草本

旱金莲

株高：可达 100 厘米

花期：夏季 / 一年生或二年生草本

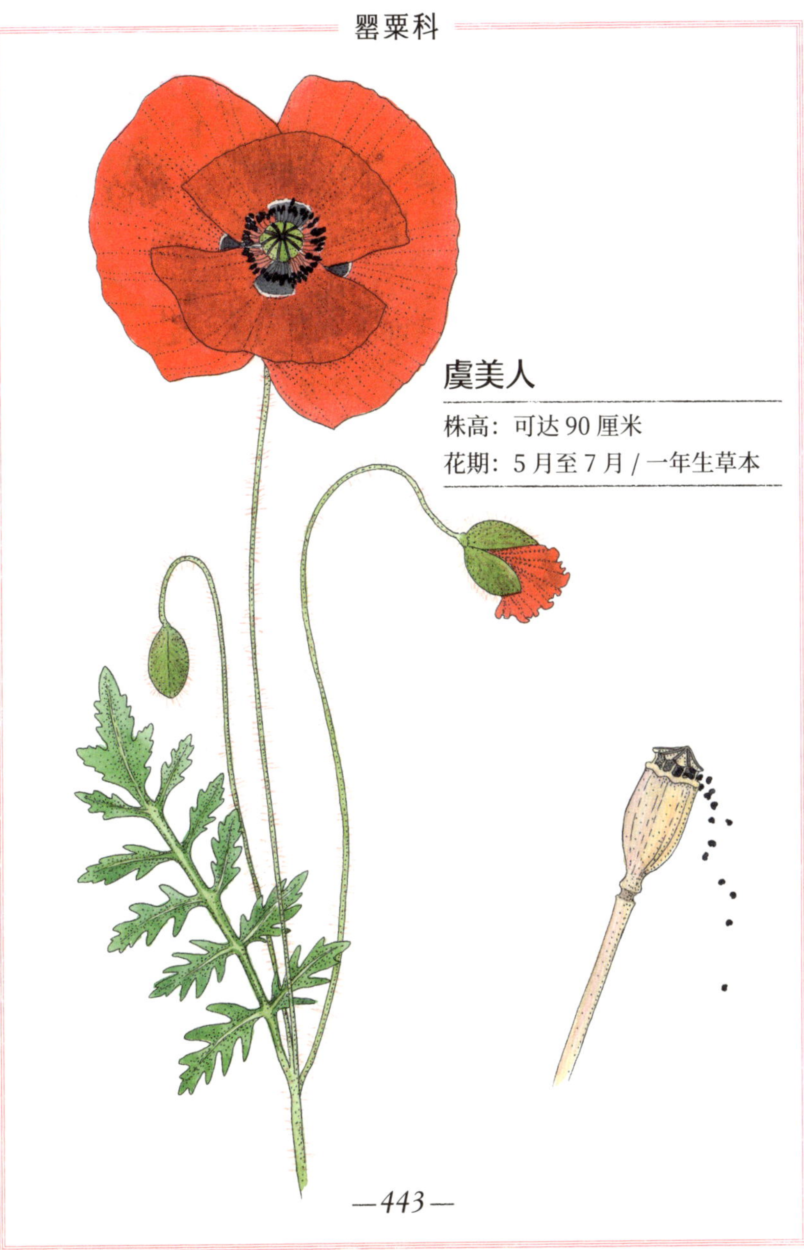

虞美人

株高：可达 90 厘米

花期：5 月至 7 月 / 一年生草本

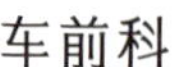

毛地黄

株高：可达 150 厘米

花期：5 月至 6 月 / 二年生草本

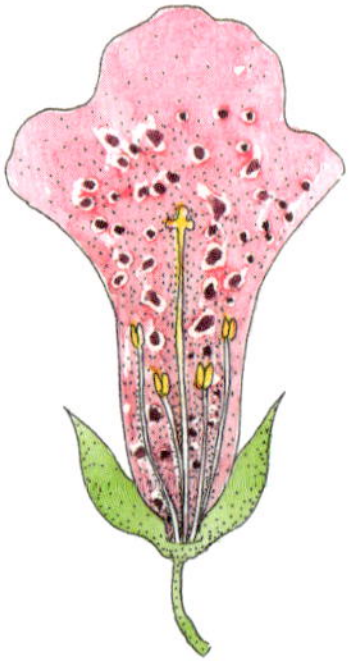

果蔬

韭葱

同名植物的叶

洋 葱

同名植物的鳞茎

胡萝卜

同名植物的根部

朝鲜蓟

同名植物的头状花序

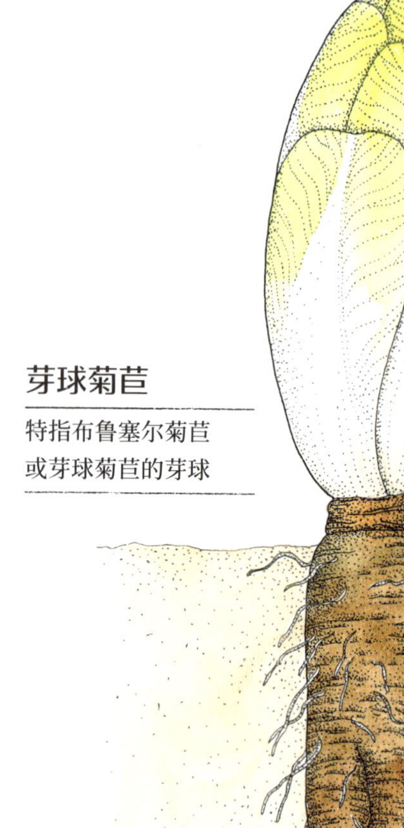

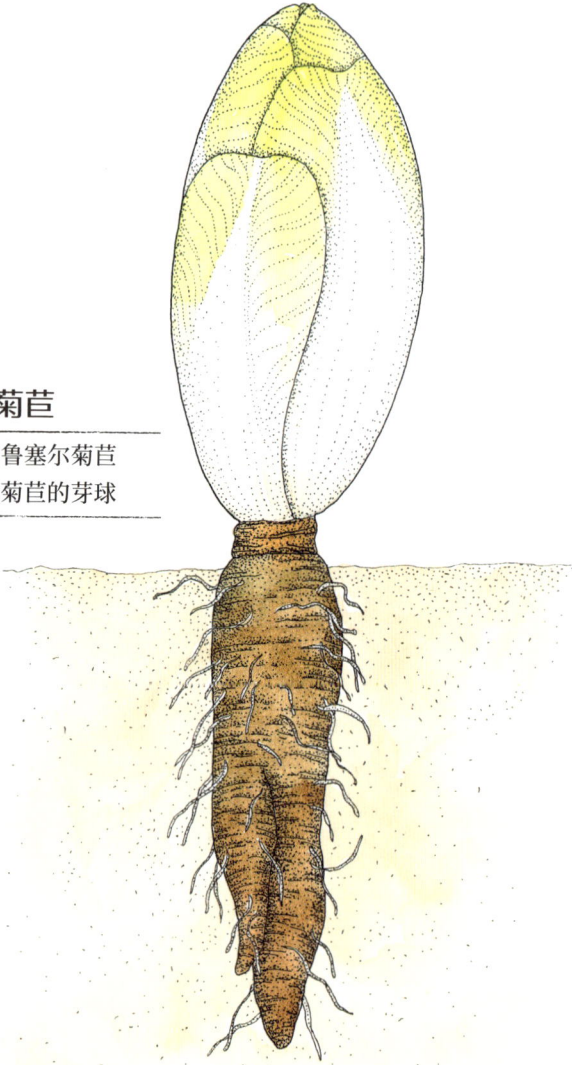

芽球菊苣

特指布鲁塞尔菊苣
或芽球菊苣的芽球

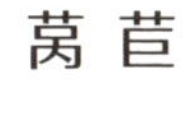

蒲公英

萝 卜

同名植物的根部

芜菁
同名植物的根部

结球甘蓝

同名植物的叶

花椰菜

同名植物的花球

番茄

同名植物的果实

甜椒

同名植物的果实

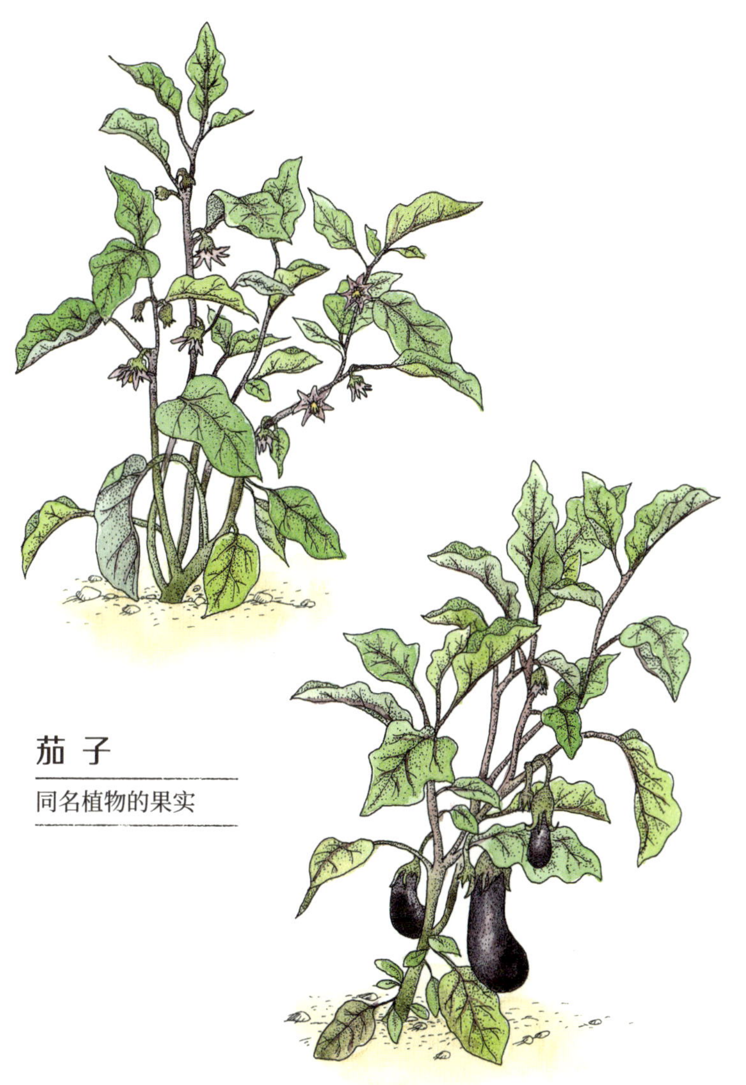

茄 子

同名植物的果实

马铃薯

同名植物的块茎

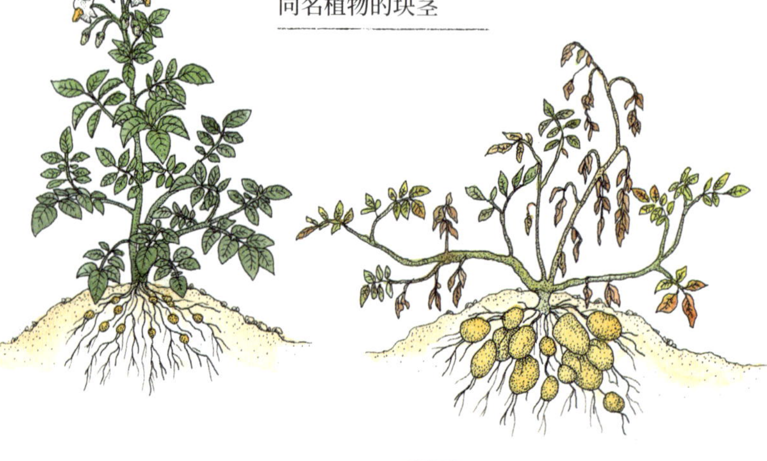

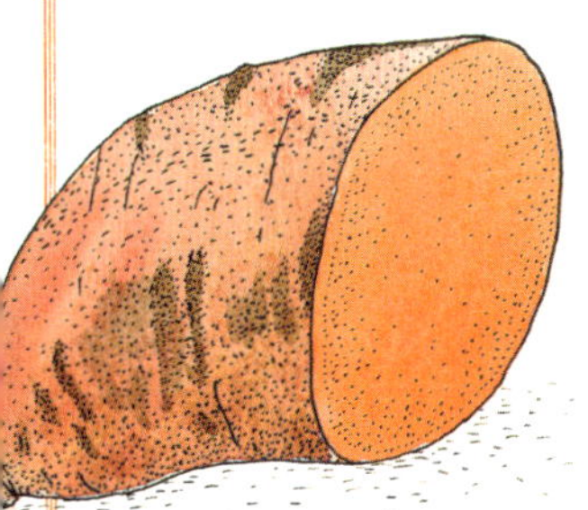
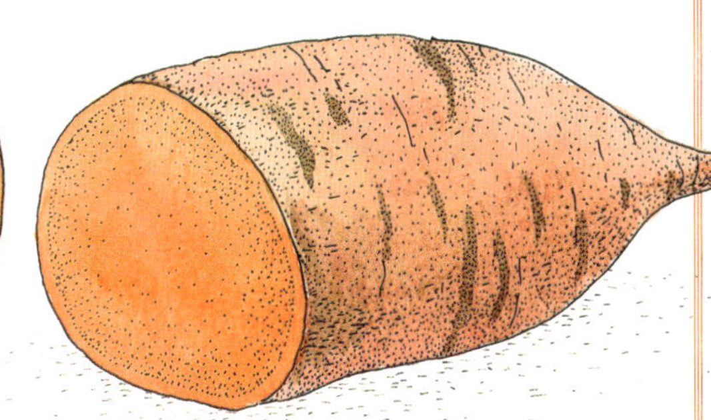

甘 薯

同名植物的块根

甜菜

同名植物的根部

菠菜

同名植物的叶

甜瓜

同名植物的果实

西瓜

同名植物的果实

南 瓜

南瓜、笋瓜

植物的果实，与相应的植物同名

1 原文为 Potimarron，是笋瓜的一种。——编者注
2 原文为 Potiron，是笋瓜的一种。——编者注

小黄瓜、黄瓜

植物的果实，与几种植物的变种同名

小西葫芦

同名植物的果实

扁西葫芦

同名植物的果实

兵豆

同名植物的种子

菜豆

同名植物的果实和种子

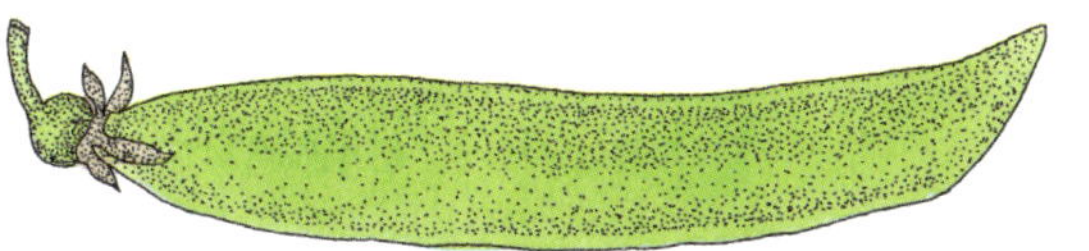

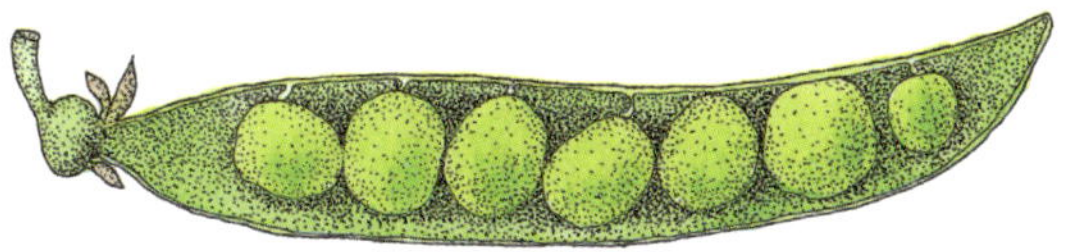

豌豆

同名植物的新鲜果实

油梨

同名植物的果实

柿

同名植物的果实

石 榴

同名植物的果实

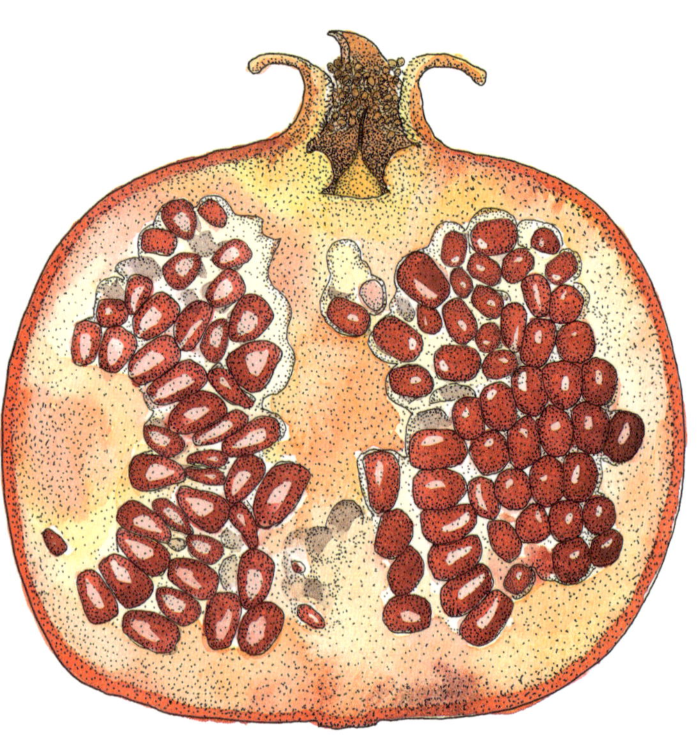

秋 葵

同名植物的果实

可可

同名植物的种子

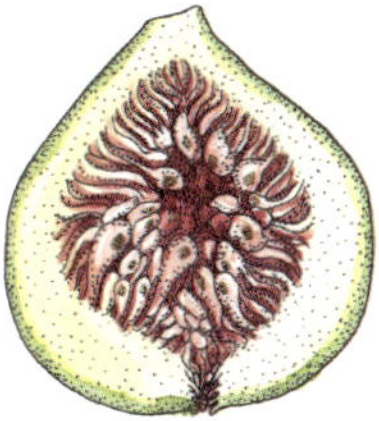

无花果

同名植物的榕果

梨果仙人掌

同名植物的果实

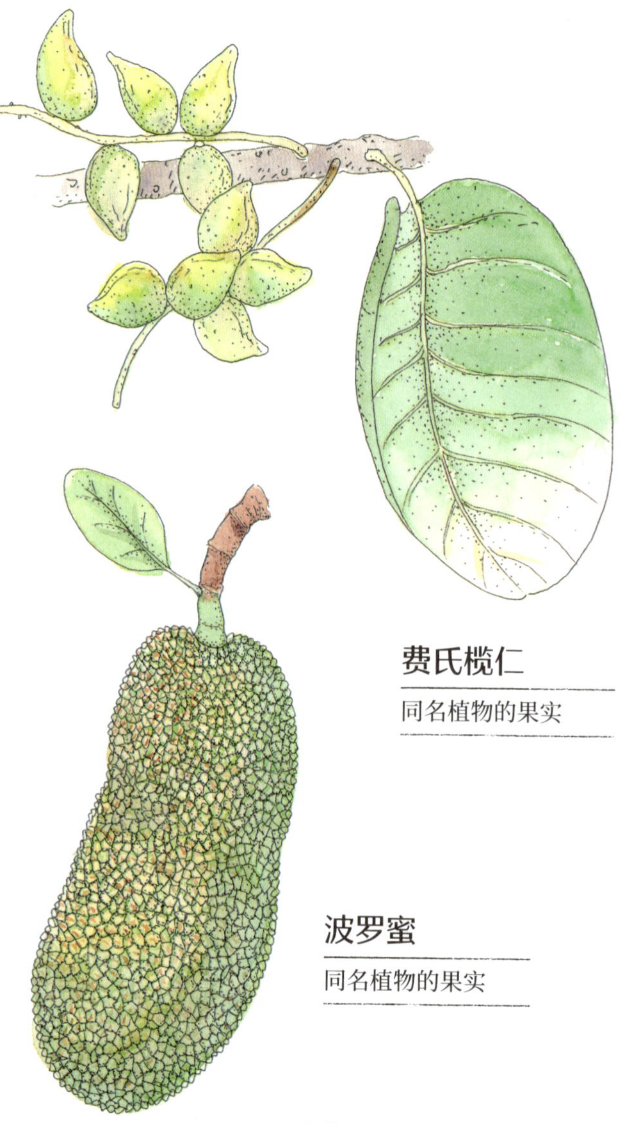

费氏榄仁

同名植物的果实

波罗蜜

同名植物的果实

猕猴桃

同名植物的果实

荔 枝

同名植物的果实

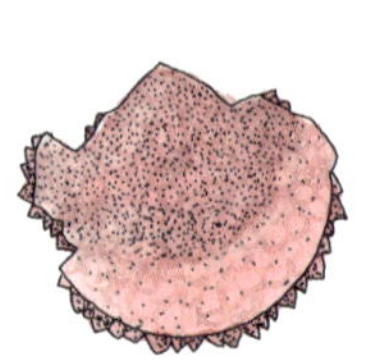
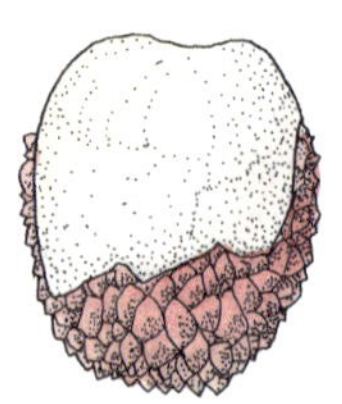

杧 果

同名植物的果实

凤梨科
菠 萝
同名植物的聚花果

番木瓜

同名植物的果实

香蕉

同名植物的果实

香荚兰

同名植物的果实

阳 桃

同名植物的果实

海 枣

同名植物的果实

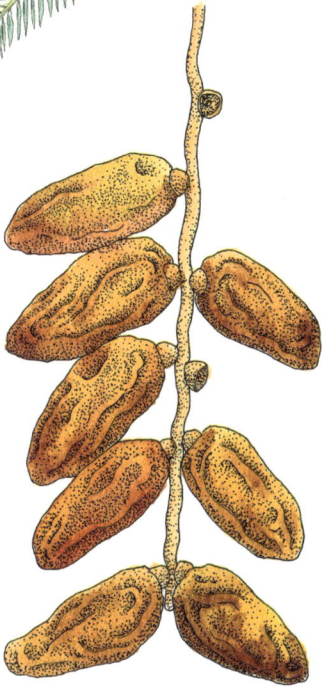

谷 物

植物的果实，与相应的植物同名

禾本科的多种植物

硬粒小麦

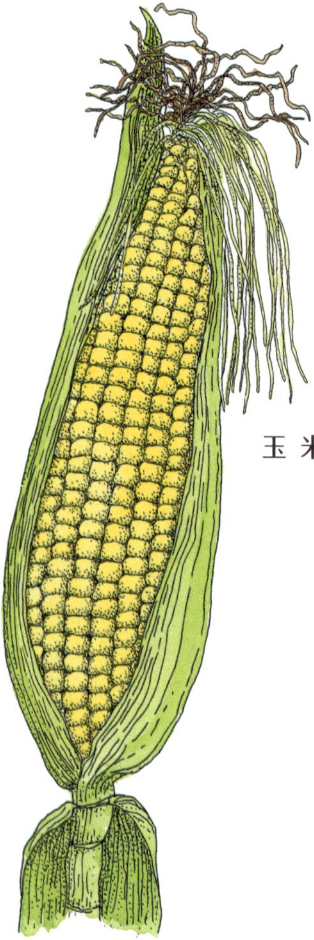

玉 米

燕 麦

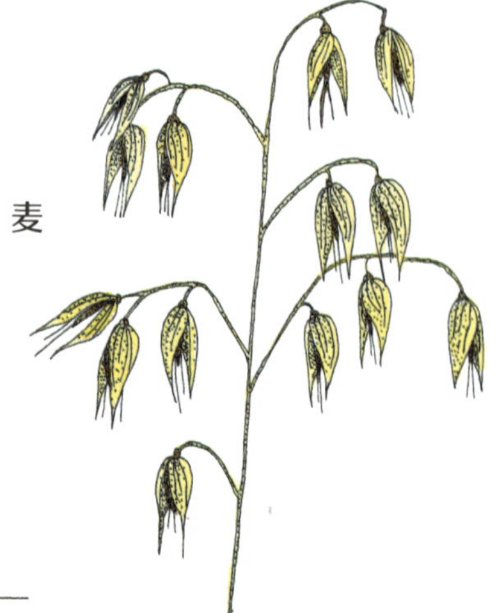

二棱大麦
水 稻
高 粱

木樨榄

同名植物的果实

带壳的果实

腰 果

同名植物的果实

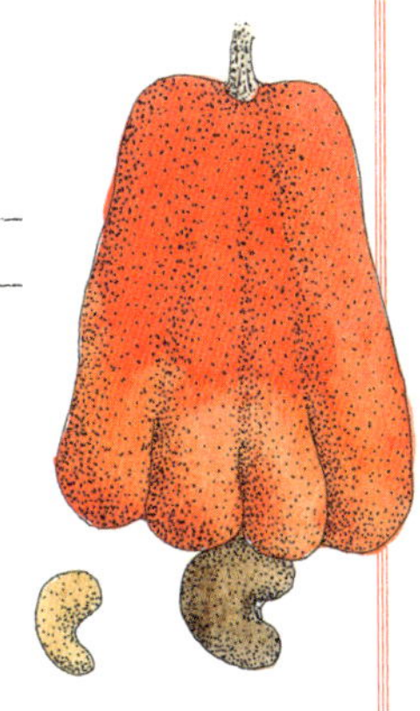

椰 子

同名植物的果实

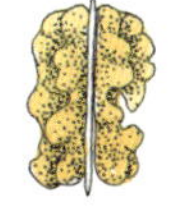

核 桃

同名植物的果实

榛 子

同名植物的果实

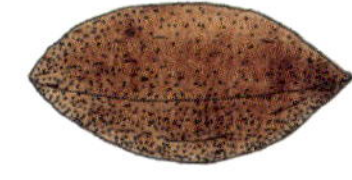

美国山核桃

同名植物的果实

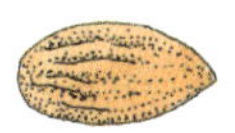

扁 桃

同名植物的果实

黑果越橘

同名植物的果实

红醋栗

同名植物的果实

黑穗醋栗

同名植物的果实

黑 莓

同名植物的果实

杏

同名植物的果实

覆盆子

同名植物的果实

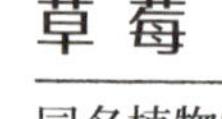

草 莓

同名植物的果实

樱 桃

同名植物的果实

桃

同名植物的果实

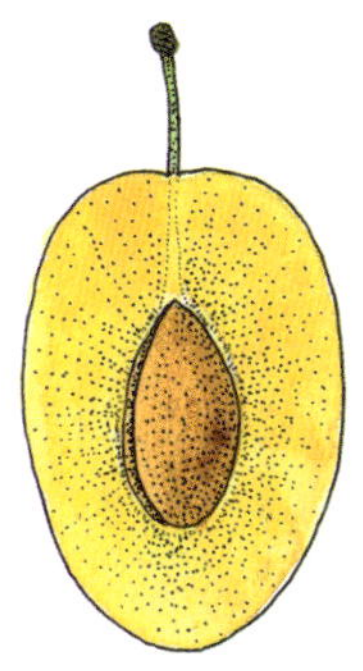

欧洲李

同名植物的果实

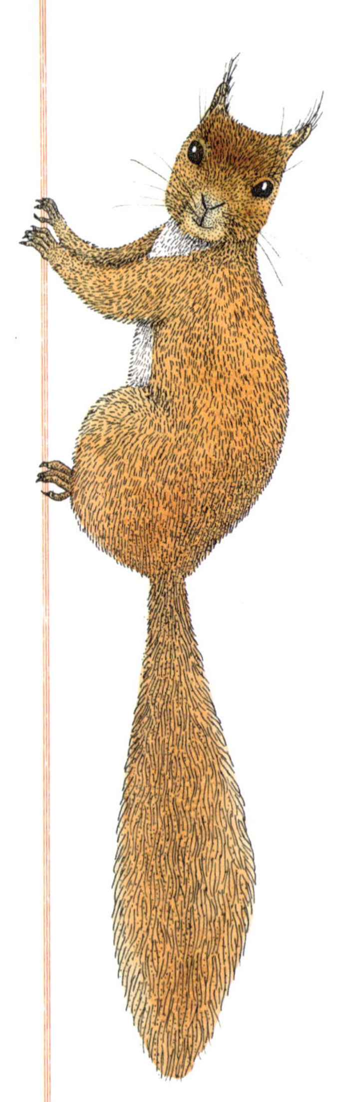

水蜜晚梨

罗沙梨

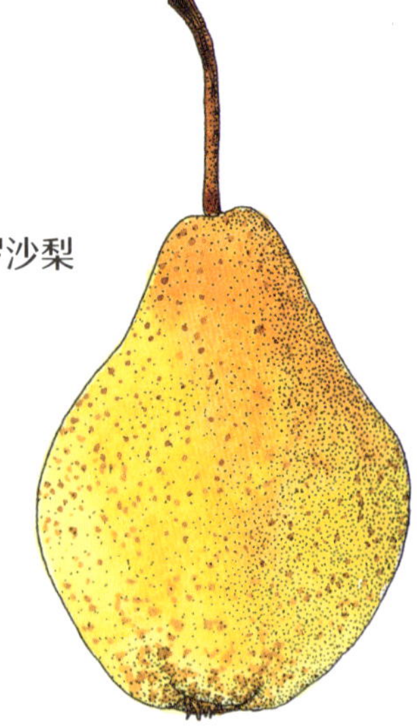

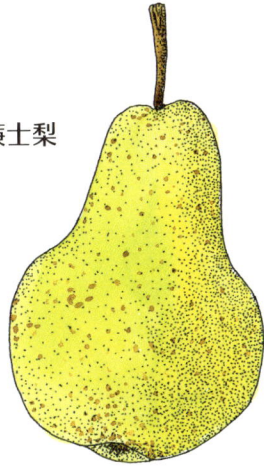

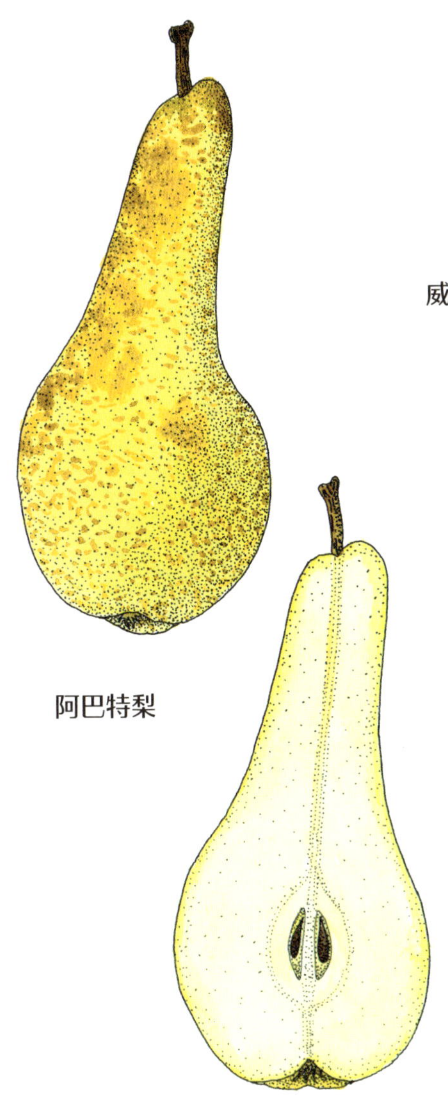

梨

同名植物的果实

苹 果

同名植物的果实

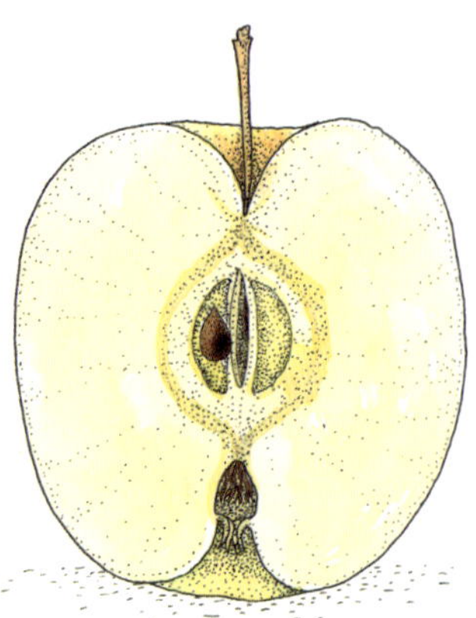

黄金苹果

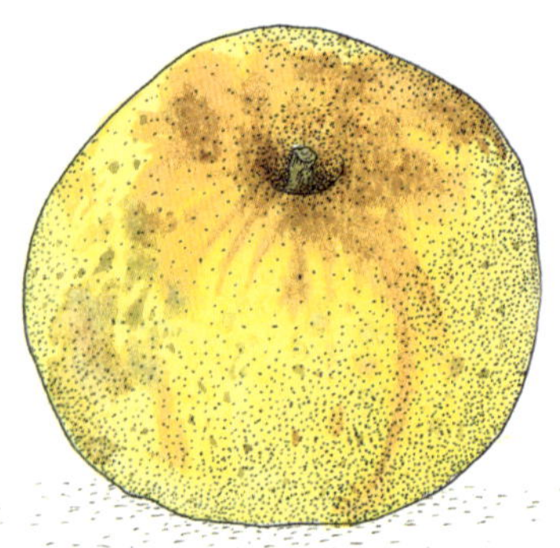

克洛查德黄香蕉苹果

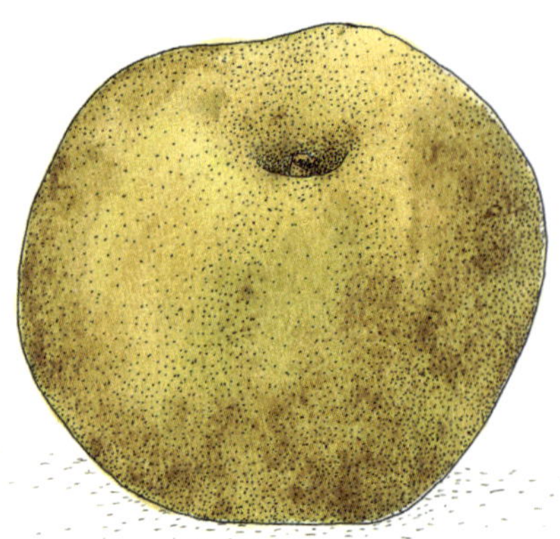

加拿大灰香蕉苹果

欧 楂

同名植物的果实

榅 桲

同名植物的果实

柠 檬

同名植物的果实

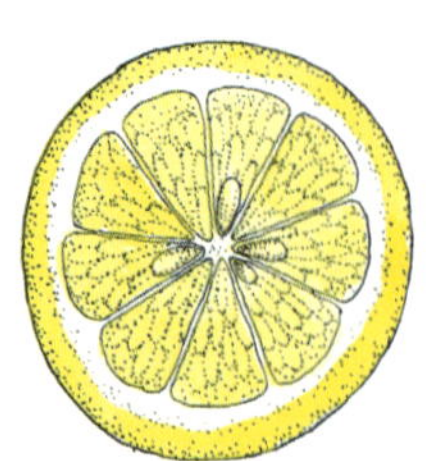

柑

同名植物的果实

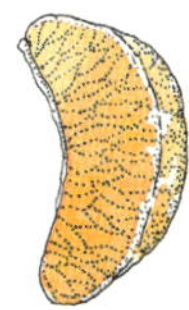

克莱门氏小柑橘

同名植物的果实

甜 橙

同名植物的果实

葡萄柚

同名植物的果实

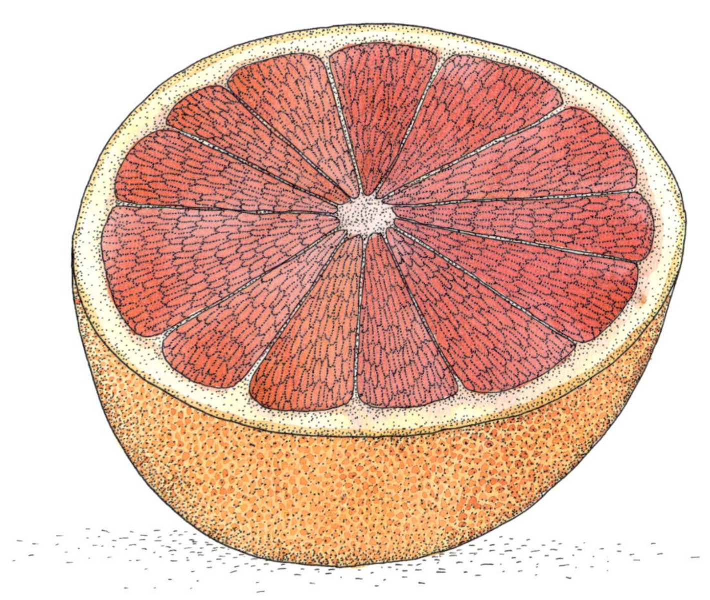

索引